8°*E
743

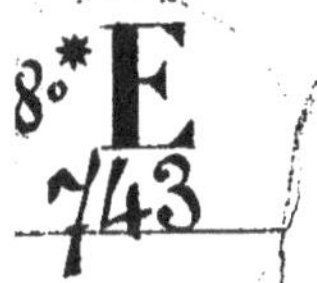

AF343009

THÉORIE ET PRATIQUE

DE LA

CONQUÊTE DANS L'ANCIEN DROIT

(ÉTUDE DE DROIT INTERNATIONAL ANCIEN)

BIBLIOTHÈQUE NATIONALE R.F. IMPRIMÉS

PAR

Irenée LAMEIRE

PROFESSEUR AGRÉGÉ DE DROIT PUBLIC A LA FACULTÉ DE DROIT
DE L'UNIVERSITÉ DE LYON

INTRODUCTION

PARIS

LIBRAIRIE NOUVELLE DE DROIT ET DE JURISPRUDENCE
ARTHUR ROUSSEAU, ÉDITEUR
14, RUE SOUFFLOT ET RUE TOULLIER, 13
1902

THÉORIE ET PRATIQUE

DE LA

CONQUÊTE DANS L'ANCIEN DROIT

(ÉTUDE DE DROIT INTERNATIONAL ANCIEN)

BIBLIOTHÈQUE NATIONALE R.F.

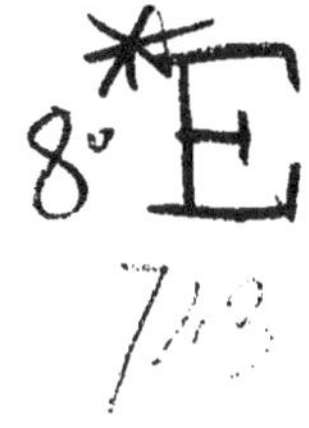

THÉORIE ET PRATIQUE

DE LA

CONQUÊTE DANS L'ANCIEN DROIT

(ÉTUDE DE DROIT INTERNATIONAL ANCIEN)

PAR

Irenée LAMEIRE

PROFESSEUR AGRÉGÉ DE DROIT PUBLIC A LA FACULTÉ DE DROIT
DE L'UNIVERSITÉ DE LYON

————

INTRODUCTION

————

PARIS

LIBRAIRIE NOUVELLE DE DROIT ET DE JURISPRUDENCE

ARTHUR ROUSSEAU, ÉDITEUR

14, RUE SOUFFLOT ET RUE TOULLIER, 13

1902

CONQUÊTE DANS L'ANCIEN DROIT

INTRODUCTION

Rien n'est moins connu que le droit international ancien. C'est même, de toutes les branches du droit public, la plus complètement ignorée ; et l'expression n'est même pas assez forte : on peut dire de cette science qu'elle est insoupçonnée et qu'aucune tentative sérieuse n'a été faite pour lui donner un corps.

Il y a eu d'anciens auteurs du droit des gens, mais, entre leurs écrits et ce qui constitue la science du droit international ancien, il y a un abîme. Les anciens auteurs ont eu des préoccupations tout autres que de connaître le droit international de leur temps. — Créer de toutes pièces un droit international, tiré de réminiscences classiques, de citations de la Bible, de raisonnements *à priori* dont l'élégance charmât les contemporains, le tout documenté par des exemples provenant d'une histoire ancienne plus ou moins sérieuse dont le contrôle est impossible, et, en même temps adoucir les mœurs et aplanir les chocs entre Etats, un tel rôle pouvait sourire à Grotius, à Puffendorf, à Vattel ou à bien d'autres : il n'en laisse pas moins complètement dans l'ombre l'histoire internationale des derniers siècles (1).

C'est qu'il est bien plus aisé de concevoir un droit théorique, doué forcément d'une certaine unité, que d'être au courant de la vie d'un droit pratique, aux innombrables manifestations, dont aucune n'est semblable à l'autre, et dont le morcellement géographique est incroyable. En effet, ce droit international étant calqué sur le droit public de chaque baillage, de chaque prévôté, de chaque châtellenie, il faut, pour en avoir une idée, un ensemble gigantesque de connaissances à laquelle aurait à peine suffi l'érudition de Grotius, si elle se fût tournée de ce côté. Pour connaître le droit international ancien, il faut, si on peut se servir ici d'une expression que Vaugelas employait dans un tout autre ordre d'idées, être le greffier de l'usage, rôle ingrat, si l'on considère les mille formes diverses de l'usage, et qu'il faut entendre la parole de juridictions muettes depuis longtemps.

____

(1) Les anciens auteurs du droit des gens ne peuvent donner la moindre idée du droit international de leur siècle. Voyez, par exemple, les affirmations contenues dans le chapitre XIII du livre III, de Vattel : aucune justification n'est fournie par l'auteur. Souvent même les théories avancées sont fausses et aucun auteur ancien n'a consulté les sources.

La théorie la plus importante, — et c'est justement la plus ignorée — du droit international ancien, est la théorie de la conquête, j'entends de la conquête matérielle indépendante de tout traité, et des droits qui en résultent (1). Le droit de conquête a été exercé pendant les trois derniers siècles de l'ancien droit des centaines de fois, et il est actuellement impossible d'avoir une idée, même approximative, de ce qu'il était.

Si la question est ignorée, c'est que son étude n'est pas toujours possible : malgré son caractère général, l'étude de la conquête dans l'ancien droit est forcément bornée dans l'espace et dans le temps. — Dans le temps d'abord, car il est impossible d'en faire une étude sérieuse pour l'époque de la féodalité politique : toute conquête à cette époque se trouve infectée de précarité ; l'étude de la conquête médiévale ne nous apprendrait rien, elle n'aurait aucune vertu éducative. Ce n'est qu'au moment où la précarité féodale dans les rapports internationaux commence à être hors de cause, c'est-à-dire au début du seizième siècle, que la conception juridique de la conquête peut se dégager. Elle est bornée dans l'espace ensuite : j'entends par là que la question de la conquête ne peut se

____

(1) Dans l'ancien droit, le mot *conquête* n'a pas de sens absolument précis : tantôt il désigne une occupation militaire, tantôt une annexion sanctionnée par des traités. La langue du Conseil d'État du Roi et des intendants appelle généralement les pays annexés en suite de conventions diplomatiques, *pays d'ancienne conquête* : les pays occupés pendant la guerre sont les pays de *nouvelle conquête*. C'est la terminologie employée sous le règne de Louis XV.

poser, avec son effet intégral, dans tous les lieux : pour les guerres entre Etats allemands, par exemple, ou entre l'Allemagne et l'étranger, la précarité impériale vicie la notion même de la conquête. Trop de matières demeurent, même après les traités de Münster, de compétence impériale, pour que la conquête de la Prusse sur l'Autriche ou de l'Autriche sur la Prusse puisse sortir son plein et entier effet. Entre l'Allemagne et l'étranger, d'autre part, la vieille notion d'hégémonie impériale et de survivance romaine donnera à la conquête des effets apparents qui n'en sont point les résultats naturels. Quand on se rappelle combien était vaste encore jusqu'aux traités d'Utrecht, la notion d'hégémonie impériale sur l'Italie, notamment, on voit que le champ d'études se restreint singulièrement. L'Angleterre également doit être mise à part : ses guerres dans la France du moyen âge ont été des guerres successorales : dans l'Europe moderne, elle n'a guère débarqué ses troupes que dans les Etats de ses alliés, d'où précarité d'un nouveau genre.

Il faut donc, pour étudier la conquête ancienne dans ses effets juridiques normaux, la considérer seulement dans les guerres entre puissances parfaitement indépendantes l'une de l'autre, dont la souveraineté était nette et parfaitement tranchée : cette situation ne s'est guère présentée qu'entre la France et l'Espagne, au temps des derniers Habsbourgs, ou entre la France et l'Autriche, aux temps de Charles VI et de Marie-Thérèse (1). Aucune dépendance de ces Etats ou d'aucune portion de ces Etats vis-à-vis de l'autre, sauf quelques exceptions, soit très anciennes, comme la mouvance féodale de Flandre et d'Artois avant le traité de Madrid, soit négligeables, comme la mouvance charolaise. La situation équivoque de la couronne espagnole vis-à-vis de ses possessions personnelles extra-péninsulaires, celle, plus équivoque encore, vis-à-vis des Cercles de l'Empire, sont ici sans intérêt. Les deux couronnes sont ennemies, elles sont indépendantes l'une de l'autre : les conquêtes faites dans les deux sens sont normales : ce sont elles qu'il faut étudier jusqu'à ce qu'un traité de paix les consolide ou les anéantisse, ce qui les fait alors rentrer dans une tout autre situation internationale, qui n'est plus de notre sujet.

I

Pourquoi la synthèse juridique de ces faits historiques a-t-elle échappé aux auteurs modernes ? L'Allemagne n'ayant pu, comme nous l'avons dit plus haut, connaître cette situation internationale d'une façon nette à cause de la précarité impériale, on conçoit que

(1) Je laisse provisoirement de côté les guerres dans l'Europe septentrionale et orientale, où les précarités, quoique d'un tout autre genre, sont fort nombreuses. J'y reviendrai dans le cours de l'ouvrage. Pour les guerres entre la France et le Piémont nous en parlons dans cette introduction.

les auteurs allemands ne s'y soient point attachés. Par contre, elle eût dû tenter les auteurs français, qui ont pu constater chez eux de nombreux exemples de déplacement de souveraineté territoriale (1), indépendamment de tout traité, pendant les guerres des XVIIe et XVIIIe siècles. L'étude de cette question eût paru devoir séduire les internationalistes, les historiens du droit public et les historiens proprement dits.

Les travaux des internationalistes ne se sont généralement pas tournés de ce côté : dans cet ordre d'idées, regardant vers l'avenir plutôt que vers le passé, surtout vers un passé lointain, leur esprit s'est voué davantage à prévenir les abus du droit de conquête dans les temps futurs qu'à en rechercher en détail les effets dans les siècles écoulés. La tâche de législateur suffit à la gloire des plus éminents d'entre eux.

Les historiens du droit public n'ont eu en vue que le droit interne : ils ont complètement laissé de côté l'influence sur ce droit des changements de souveraineté advenus à la suite de l'occupation militaire ; la question leur a paru accessoire. L'extrême étendue de la science du droit public interne suffit amplement à expliquer cette prétérition.

Restent les historiens proprement dits, c'est-à-dire les historiens à formation exclusivement littéraire. Pour ces derniers, leurs préoccupations sont ailleurs,

____

(1) Chez eux ou autour de leur territoire actuel, car ce sont surtout les conquêtes françaises qui sont intéressantes dans cet ordre d'idées.

et le cycle de leurs études antérieures ne les met guère à même de concevoir tout l'intérêt de la question (1). Pour eux, dans cet ordre d'idées, il n'y a qu'histoire militaire ou histoire diplomatique, histoire diplomatique surtout. Une lettre inédite de Chamillart ou de Torcy, un incident inconnu de Gertruydenberg ou d'Utrecht, des ambassades en partie double, tous ces documents évoqués, tous ces faits intéressants bien retracés consacreront légitimement la réputation de ces historiens : ils auront alors, d'après l'opinion commune, renouvelé la face d'une question. Et cependant, l'histoire de la souveraineté sur des villes, sur des provinces, pendant des années entières, leur situation juridique, le ressort de leurs cours souveraines, la mouvance de leurs fiefs, la nationalité de leurs habitants, tout cela demeurera en suspens. Pour ces historiens, toutes ces questions sont *nullius momenti* Jusqu'ici la masse du public les a toujours suivis.

Et cette histoire ignorée complètement, ce n'est pas autre chose que la moitié de l'histoire de l'Europe, car, pendant le XVIIe et le XVIIIe siècle, les années de guerre ont été presque aussi nombreuses que les années de paix (2). Avec une pointe de Cravates ou de

(1) A l'heure actuelle, beaucoup d'historiens littéraires, et même des plus éminents, demeurent encore à peu près étrangers à toute influence juridique. De toutes les sciences auxiliaires de l'histoire, on n'a oublié que la principale. On ne peut que regretter l'immense déperdition de forces qui est la conséquence de cette situation de fait.

(2) Pendant le xviiie siècle, on peut même compter cinquante années de guerre, encore en ne faisant état que de celles où la France a été partie.

Pandours, avec une charge des cuirassiers de l'Empereur, à la suite d'un fourrage ou d'une houssardaille, des enclaves se créaient, les frontières se déplaçaient, la loi municipale avait besoin d'être confirmée, les aubains devenaient régnicoles et la déclaration de 1682 empiétait sur les pays d'obédience ou reculait : frontières toujours en mouvement, insaisissables, à la merci d'une patrouille. Situations plus complexes encore : l'arrivée du chariot de la contribution établissait sur le plat pays des souverainetés indivises (1), et des Etats provinciaux, dans la même séance, se reconnaissaient à la fois sujets du Roi Catholique et du Roi Très Chrétien.

A cette époque, du jour au lendemain, la souveraineté territoriale se transforme. Dans le fort à la Cohorn où, la veille, les troupes de la ligue d'Augsbourg ont battu la chamade, Louis XIV vient tenir sa cour féodale : c'est à lui que sont faits les aveux et dénombrements (2) ; il est souverain fieffeux de la ville et du plat pays, aux droits du roi d'Espagne : toutes les redevances féodales tombent dans la caisse du commissaire des guerres. Un demi-siècle plus tard, pendant la première guerre de Sept Ans, Maurice de Saxe prend les villes et Louis XV, précurseur en cela de l'assemblée

----

(1) La théorie de la contribution est merveilleusement exposée dans les registres aux résolutions des Etats de Tournai-Tournésis *(Archives de l'Etat à Mons)*.

(2) Cf. *Archives de l'Etat à Namur* : registre au souverain baillage, année 1692.

constituante, y détruit parfois au contraire les juridictions féodales : dans les deux cas la souveraineté se
trouve immédiatement changée.

Ce qui se passe dans les villes et sur les ruines des
châteaux-forts se passe aussi dans le plat pays. Au début du XVIII° siècle, les dragons de Bachevilliers ou
de Le Guerchois, envahissant les villages, y distri-
buent le papier timbré de la généralité voisine, et il
est des localités où le timbre des actes notariés permet de restituer, jour par jour, tous les mouvements
de troupes (1).

Où trouver les sources de cette histoire, pour ainsi
dire mouvante ?

Où est écrite cette moitié de l'histoire de l'Europe ?

Elle n'est écrite nulle part, ou du moins, pour l'ancien droit, aucun effort de synthèse n'a été fait. La
littérature du sujet, ainsi compris, est inexistante. Phé-
nomène bien rare, on peut dire qu'il n'y a pas de bi-
bliographie, car les documents d'histoire militaire ne
peuvent servir que de points de repère très éloignés.

L'histoire juridique de la conquête s'est donc trou-
vée livrée à l'érudition locale. Dans les petites villes
et dans le plat pays, l'érudition locale se souvient
d'un passage de troupes et le raconte à sa manière :
c'est dans les académies de province que la question

---

(1) Cf. dans cet ordre d'idées, les actes insinués de 1704 à 1713, dans
le duché de Savoie ; les documents, non inventoriés, se trouvent au
greffe de la Cour de Chambéry.

a pu être parfois effleurée, sur des points de détails, et vue par ses côtés les moins intéressants. Il n'y a donc pas lieu de s'étonner qu'elle ne soit pas sortie de l'état embryonnaire (1).

Les commentaires et travaux faisant défaut, il faut bien se rejeter exclusivement sur les recueils de textes et rechercher ces recueils d'ordonnances dans les Etats qui ont été conquérants ou conquis. La recherche ne sera pas heureuse : en France, le mauvais recueil d'Isambert, défectueux à tous égards, laisse de côté, de parti pris, tous les textes relatifs à l'administration des pays conquis. Les recherches dans d'autres recueils, même dans ceux qui ont été publiés sous l'ancien droit n'auront pas plus de succès. En Belgique, théâtre de multiples conquêtes, les *Ordonnances des Pays-Bas autrichiens* publient quelques textes émanés des envahisseurs, surtout pour la période qui a suivi la bataille de Fontenoy. Mais la période correspondant aux conquêtes de Louis XIV ne sera pas publiée de longtemps, et, pour les guerres de Louis XV, partie publiée, les ressources qu'on peut tirer de la documentation officielle belge ne correspondent pas tout à fait

---

(1) L'érudition locale a au moins un très grand avantage : elle est à la source même des documents. Son personnel, souvent composé de praticiens du droit, se trouve posséder à ce point de vue, même dans le plat pays, des connaissances juridiques naturellement supérieures à celles des historiens exclusivement littéraires. Mais l'esprit de synthèse lui fait défaut ; du reste, dans les académies de province, les travaux intéressant le particularisme régional viendront forcément toujours en première ligne.

au luxe de la publication, ni au temps qu'elle met à paraître.

II

Les sources de la théorie de la conquête se trouvent encore exclusivement dans les archives. Mais on se tromperait si on pensait pouvoir l'étudier aux Archives Nationales : l'établissement de la rue des Francs-Bourgeois ne présente, dans cet ordre d'idées, qu'un intérêt presque nul. Personne n'a éprouvé le besoin de centraliser cette documentation. Les quelques groupements, un peu faits au hasard, que l'on trouve à l'hôtel Soubise, comme les intendances de Trèves et de Hombourg, l'administration de Pignerol et la régie des pays conquis en 1744 (1) ne sont pas pour nous apporter la preuve du contraire. La théorie de la conquête ne peut s'y trouver, en bien faible partie du reste, que dans les registres du Conseil d'Etat du Roi (2).

(1) Régie de Jean Girardin. Indépendamment du groupement existant aux archives nationales, il n'est pas de dépôt d'archives belges où des placards se référant à cette régie ne se trouvent figurer plusieurs fois.

(2) Les arrêts en commandement du Conseil d'État du Roi se trouvent du reste presque tous, en expédition authentique, dans les archives des pays occupés. Les circonstances qui ont amené la rédaction des arrêts s'y retrouvent dans les registres des États et des Cours. On y voit, de plus, les appréciations de l'intendant. — Pour les archives du Parlement de Paris, elles sont ici sans intérêt, le ressort de Paris n'ayant jamais compris aucun pays occupé, sauf Dunkerque et Bourbourg, qui sont dans une situation absolument spéciale. — Pour les pays occupés en France par l'étranger, l'étude des documents du Conseil d'Etat du Roi est naturellement inopérante.

L'histoire de la théorie de la conquête ne se trouve
pas au ministère des Affaires Etrangères, ni dans aucune chancellerie : elle est l'antipode de l'histoire
diplomatique, sans aucun intérêt pour elle, et récipro-
quement. Elle ne se trouve pas non plus au dépôt de
la guerre; il n'y a là que de l'histoire militaire proprement dite, tout au plus des questions de capitulations
de place et de réquisitions. Voilà pourquoi toute la
théorie des déplacements de souveraineté a échappé à
à ceux qui ont écrit l'histoire avec les documents
de la rue St-Dominique.

L'histoire de la théorie de la conquête est aussi dis-
persée qu'il est possible de se l'imaginer: elle se trouve,
en France, dans les archives communales, dans les
archives départementales, et dans les greffes des tri-
bunaux. Quiconque connaît l'effroyable désordre dans
lequel l'incurie municipale et les préjugés décentrali-
sateurs ont laissé les archives communales peut seul
se faire une idée du caractère des recherches scienti-
ques dans ce chaos, où l'absence de classement est
presque la règle et où il faut parfois, pour pouvoir
pénétrer, avoir recours à l'intervention de la force
publique. En supposant qu'on se trouve en présence
d'archives communales classées et inventoriées, il
vient tout de suite à l'esprit de chercher la théorie
de la conquête dans les séries EE relatives aux affaires militaires. On n'y trouvera rien : les séries EE ne
contiennent que des questions de recrutement local,

de tirage au sort de la milice, ou tout au plus, le contentieux des logements ou des fournitures. Les seules séries intéressantes à notre point de vue sont les séries BB où l'on a l'avantage de trouver les registres des délibérations municipales. L'occupant militaire a eu certainement des rapports immédiats avec les communes, qui ont eu des répercussions dans ces registres, mais l'étroitesse d'esprit des municipalités anciennes, plus grande peut-être encore que celle des municipalités d'aujourd'hui, leurs préoccupations exclusivement terre-à-terre enlèvent aux recherches une grande partie de leur intérêt et de leur fruit. Le conseil de ville de telle communauté de la Haute-Provence, en 1746, entre deux adjudications pour la ferme des moulins à huile, nous apprend que le général Brown vient de prendre possession de la ville au nom de la reine de Hongrie : mais cet événement a certainement moins d'importance que la question des olives (1). De plus, les séries BB ne traitent le plus souvent que des questions d'impositions, de logement, de couchage de troupes, de fournitures de paille et de foin. On y apprend aussi que les soldats des régiments de Gâtinais et de Soissonnais s'enivrent tous les soirs (2) : la seule question intéressante, celle du chan-

---

(1) On peut se faire une idée de cet état d'esprit en parcourant la série BB des archives communales de Vence, aux années 1707 et 1746.

(2) Cf. archives communales d'Annecy, registres de délibérations municipales, années 1691 et suivantes.

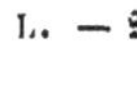

gement de souveraineté, ne s'y reflète que dans le serment des échevins, et souvent le changement ou l'absence de papier timbré sur le registre des délibérations municipales. Quelquefois aussi y est effleurée, mais fort peu, la question de savoir si l'occupation a rendu applicable dans la ville l'édit de 1692 sur les mairies perpétuelles.

Je ne parle ici que des archives des villes ; pour celles du plat pays, elles sont le plus souvent inexistantes : lorsqu'elles existent, elles offrent l'apparence de livres de raison rédigés d'une façon ridicule : dans le plat pays du Queyras occupé par le duc de Savoie en 1692, aucune allusion n'est faite à cette invasion, mais les maladies mystérieuses du bétail et la naissance d'animaux monstrueux y sont soigneusement relatées (1).

Ajoutons pour les archives communales en général, que, pour les époques de conquêtes, les registres présentent des lacunes ou des interpolations évidentes : trop de membres du magistrat étaient intéressés à cette falsification de l'histoire ; souvent même un incendie opportun, survenu quelques mois après dans l'hôtel de ville, détruit toute trace juridique de la conquête (2).

Les archives départementales offrent des ressources plus nombreuses, surtout celles qui se trouvent

---

(1) Même observation pour les *Escartons* du plat pays briançonnais.

(2) On peut faire cette constatation notamment aux archives communales de Gap, et à celles d'Embrun, année 1692.

dans une ancienne capitale de pays d'États. Dans les délibérations des États provinciaux, les changements de souveraineté sont infiniment plus visibles que dans celles des communes. Malheureusement, cette ressource est rare : peu de pays d'États ont été occupés militairement, montrant ainsi le déplacement de la souveraineté sur les États provinciaux ; dans le territoire de la France actuelle on ne peut guère citer que les États de Franche-Comté, ceux d'Artois ; et encore sont-ce des invasions françaises. L'invasion étrangère, sauf dans quelques districts de Flandre pendant la guerre de succession d'Espagne, n'a jamais occupé que des pays d'élection ou d'imposition. En sens inverse, dans des pays actuellement étrangers, les Français du XVIIIe siècle ont occupé de nombreux pays d'États, notamment dans les Pays-Bas. Ces sources, bien entendu, ne se trouvent pas dans les archives départementales françaises.

Les archives départementales ne présentent donc que des documents relatifs à des invasions dans des pays d'élection ou d'imposition, tout au plus, dans un pays de communautés comme la Provence ; mais les invasions du XVIIIe siècle n'ayant pénétré ni jusqu'à Aix ni jusqu'à Lambesc, la question est sans intérêt (1).

Dans quelles séries des archives départementales

____

(1) Pour l'invasion de Charles-Quint en Provence, la survivance des prétentions impériales dans les pays d'ancien royaume d'Arles nous a paru vicier complètement le caractère normal de la conquête.

peuvent se trouver les documents relatifs aux occupations militaires et à leurs suites juridiques ? Pour le déplacement de la souveraineté, il semblerait d'abord que la série A fût un champ fécond de recherches, étant relative aux actes du souverain et au domaine. Il n'en est rien : rien n'est plus artificiel que la série A, et aucun acte d'occupant n'y trouve sa place. On pourrait penser aussi aux séries C, relatives aux intendances et en général à l'administration provinciale : on se tromperait encore : les documents qui se trouvent aux séries C sont presque nuls : l'étranger envahissant la France n'a pas adopté le système des intendances, et pour les occupations françaises à l'étranger les documents sont naturellement hors de France. Il faut faire une exception pour les régions alpines, mais ici les préoccupations des intendants et des subdélégués sont beaucoup moins juridiques qu'utilitaires (1).

La trace du passage de l'intendant et du subdélégué général avec ses conséquences juridiques, c'est surtout aux archives belges qu'on la trouve : c'est là qu'on voit le mieux les rapports administratifs de l'occupant français, non seulement avec les villes, mais encore avec les petits manants du plat pays (2).

(1) Trouver les communautés où il y a *le plus d'avoine pour les bourriques*, voilà les principales préoccupations des intendants et des subdélégués. Ce sont des documents de cette nature qui remplissent les séries C.

(2) Les archives belges ont sur les archives françaises l'immense avantage d'avoir échappé à l'artificielle division par séries, et d'avoir respecté l'unité des anciens fonds, en faisant concorder les dépôts

Les archives départementales ne contiennent qu'une seule série où l'on puisse constater la trace de la conquête, mais elle est importante : c'est l'immense série B relative aux juridictions, non seulement civiles, mais administratives. Tout d'abord, dans les séries B départementales il faut retirer tout ce qui a trait aux juridictions secondaires , baillages, sénéchaussées, châtellenies, prévôtés, vigueries, etc.: ces juridictions ne sont pas en rapport immédiat avec le pouvoir central : l'intitulé de leurs sentences ne porte pas le nom du souverain ; il faudrait retrouver des expéditions, ce qui est impossible. Seuls, l'emploi ou la prétérition des mots bailli ou prévôt royal peut indiquer un changement de souveraineté ; mais dans les conquêtes françaises sur le Roi d'Espagne, ce mode de recherche, vu la parité de l'intitulé, est absolument inopérant (1). Les recueils de lettres patentes, les correspondances entre le souverain et la juridiction, n'existent pas pour les sièges inférieurs.

Ils existent au contraire pour les cours souveraines, et c'est là que gît l'immense intérêt de la série B. Par-

d'État avec les anciennes divisions politiques du pays. Du reste, les préoccupations électorales et les préjugés locaux sont en train de faire perdre à la Belgique cet immense avantage. On a créé le dépôt d'Anvers, dont le besoin ne se faisait pas sentir, Anvers ne correspondant pas à une unité politique ancienne. En revanche, on a déclassé le dépôt de Tournai qui correspondait à une entité historique extrêmement tranchée et on l'a réuni à celui du Hainaut, dont l'histoire est entièrement distincte.

(1) La raison inverse rend au contraire les recherches très faciles sur la frontière piémontaise.

tout où une ville, siège de cour souveraine, a été occupée militairement, on est sûr de trouver l'indice d'un changement immédiat et complet de souveraineté : le recueil des lettres patentes, la correspondance avec le nouveau souverain sont les sources les plus importantes de la théorie ancienne de la conquête. La facilité des recherches est augmentée par l'ordre chronologique suivi dans les registres manuscrits, au moins pour certaines cours, car, pour les Chambres des comptes l'usage beaucoup plus répandu des liasses et des fardes et l'inexistence de tout ordre chronologique rendent les recherches beaucoup plus complexes. Parlements, nobles cours, conseils souverains, conseils provinciaux, quelle que soit leur désignation spéciale, toutes les cours souveraines sont en contact direct avec le Prince, et ce prince est le souverain occupant.

Il s'en faut malheureusement que tous les documents relatifs aux cours souveraines se trouvent dans la série B des archives départementales. Cela est vrai, dans l'ordre d'idées qui nous occupe, pour le Sénat de Nice, dont les registres se trouvent aux archives des Alpes-Maritimes : ce n'est pas vrai pour le Sénat de Savoie : les archives de cette juridiction, extrêmement importantes pour la reconstruction de la théorie juridique de la conquête, encombrent, sans classement ni inventaire, les greniers du palais de justice de Chambéry (1). Les archives du Sénat de Savoie sont, du

(1) Les archives de la Chambre des comptes de Chambéry sont en

reste, loin d'être les seules à se trouver dans cette situation. Les bureaux de la place Vendôme ne peuvent
remédier à ces désordres, car ils ignorent même l'existence de fonds d'archives historiques dans leur département.

L'absence de classement et d'inventaire (1), pour les
documents émanés des cours souveraines, est la cause
d'immenses difficultés pour les références. Le temps
est passé des citations *passim*, système dans lequel
se sont complu certains historiens littéraires. Ici, la
force majeure peut parfois avoir raison des méthodes
de travail les plus scientifiques. Partout où dans le
corps de l'ouvrage qui suivra cette introduction, on a
pu échapper à la citation *passim* par un classement
provisoire, auquel l'administration ne reconnaîtra naturellement aucun caractère officiel, on y a eu recours.
Même remarque et même solution pour les parties non
classées des archives communales (2).

core à Turin, d'où elles ne sortiront probablement jamais, malgré le
texte de l'article 10 de la convention du 23 août 1860.

(1) Les inventaires ont du reste une importance bien moins considérable qu'on ne peut le penser tout d'abord. Pour désigner une pièce,
il faut d'abord la comprendre, et pour cela la paléographie ne suffit
pas : la formation des archivistes départementaux ne les prépare en rien
à un classement critique. Certains archivistes ont en fait renoncé à classer leur série B et on ne peut que les en louer. Du reste, les idées extraordinaires qu'avait le gouvernement impérial en fait d'institutions
anciennes ont eu pour résultat de faire souvent classer une juridiction de première instance dans une série et la juridiction d'appel
dans une autre.

(2) On peut aussi regretter la difficulté de citation des références
belges : grâce à l'absence trop fréquente de numérotage des folios, on
retombe, ou à peu près, dans les citations *passim*.

Les archives des juridictions féodales sont aussi à consulter pour constater, à la suite des occupations militaires, le changement dans la mouvance des seigneuries. Partout où il existe des registres d'aveux et de dénombrements et des cours féodales proprement dites, comme aux Pays-Bas, la recherche est assez facile. En France la recherche doit se faire surtout dans les liasses des Chambres des comptes et se trouve par cela même beaucoup moins aisée.

Certaines régions offrent des facilités de recherches toutes particulières : la conquête militaire a laissé, dans les pays de souveraineté savoyarde, des traces dans les registres de l'insinuation. Nom et formule de l'insinuateur, reproduction *in extenso* des minutes notariées qui peuvent être perdues, voilà ce qui fait l'importance immense, pour reconstituer la théorie de la conquête, des archives du greffe ducal de Barcelonnette, aujourd'hui au dépôt départemental des Basses-Alpes (1).

Dans les pays de souveraineté française, le greffe des insinuations laïques est loin d'offrir les mêmes ressources : là où quelque documentation s'est conservée,

---

(1) On peut aussi reconstituer la théorie du déplacement de souveraineté dans les régions alpines à l'aide des minutiers d'insinuations d'Allos (B — 40 et B — 42) et de St-Martin (B — 294) aux archives des Basses-Alpes.

Pour Barcelonnette, voir dans les minutiers du notaire Maurin, dans l'étude de M. Arnaud, notaire à Barcelonnette, les alternances des mots *notaire ducal* et *notaire collégié*, suivant que l'armée de Catinat avance ou recule.

toute formule de souveraineté a disparu des instruments insinués. Les registres du *controlle*, là où ils subsistent, ne peuvent donner que des renseignements négatifs. L'identité de signature du *controlleur*, permet de supposer que l'invasion n'a pas amené de changement de souveraineté, et c'est tout (1).

Le tabellionage offre des ressources plus variées : après 1680, l'usage presque général du papier timbré (2) dans toutes les généralités permet de constater matériellement les changements de souveraineté (3). Dans les pays de souveraineté savoyarde, le papier timbré ne peut donner ce secours qu'après 1700 (4).

(1) C'est même là une présomption des moins solides, le *controlleur* pouvant avoir prêté serment de fidélité à l'occupant. Quant à la question de savoir qui a perçu en fait les droits de *controlle* c'est une simple question de mainmise sur les caisses publiques, qui n'a aucune originalité et qui n'offre aucun caractère exclusivement spécial à l'ancien droit. Nous laissons absolument de côté toutes les questions qui peuvent présenter des analogies avec les situations de la guerre moderne.

(2) Le timbre est un droit domanial impliquant absolument le changement de souveraineté. Cette théorie est exposée dans les archives communales de Mons, registre du Conseil de Ville, n° 1325, à la date du 5 novembre 1746 : Sur la représentation de M. l'Intendant... que le papier timbré étant un droit domanial devait revenir au Roy, etc.. .... (Les archives communales de Mons sont provisoirement dans le local des archives de l'Etat).

(3) Chose extraordinaire, une des occupations les plus intensives, celle des Pays-Bas après Fontenoy ne présente que très peu d'actes revêtus du timbre français. Il y eut dans ces régions, dès la guerre de la ligue d'Augsbourg, une tradition de rachat du droit domanial de timbre. Cf. archives communales de Mons, registre au conseil de Ville n° 1326, cité *citrà* : en 1746 on offre à l'Intendant Pineau de Lucé une somme de 80 florins comme rachat du droit de timbre.

(4) Et encore ceci n'est pas exact pour les pays du ressort du Sénat de Nice : aucune pièce du Sénat de Nice, ou des juridictions y ressortissant, n'est timbrée aux dates où le timbre existe en Savoie. V. notamment le registre B-12 aux archives des Alpes-Maritimes.

Si l'on retrouvait des grosses de l'époque d'une occupation militaire, l'intérêt de la formule exécutoire serait immense ; mais la formule exécutoire se plaçait alors beaucoup moins qu'aujourd'hui, et de plus, les grosses anciennes ne peuvent se retrouver qu'à la suite de hasards sur lesquels il est téméraire de compter. Cependant, indépendamment de la grosse, sur la minute elle-même, le changement de souveraineté laisse ses traces : cette constatation est surtout intéressante à faire sur la frontière des Alpes : les troupes de Savoie ou les Impériaux occupent-ils une ville française, le mot *notaire royal* (1) disparaît généralement pour faire place au simple mot *notaire*. Les Français occupent-ils une ville de Savoie, les mots *notaire royal* remplacent les mots *notaire ducal*, ou notaire *ducal royal* (2). Mais, quand on voit, dans les annexions mo-

(1) Dans le comté de Namur et en général aux Pays-Bas, le mot *notaire royal* n'est généralement en usage que pour les actes concernant des personnes ou des biens en dehors du ressort de la Cour souveraine. C'est au moins le *criterium* auquel je me suis rangé après l'examen des minutiers namurois : beaucoup de ces minutiers sont déposés aux archives de l'Etat. Cf. Archives de l'État à Namur, le minutier du notaire Gillot, et ses actes, notamment à la date du 2 octobre 1693. Ce notaire rédige des actes pour le compte de militaires français originaires du Poitou et du Languedoc. Cf dans le même ordre d'idées le minutier du notaire piémontais Maurin, à Barcelonnette (étude de M. Arnauld, notaire à Barcelonnette). Maurin rédige beaucoup d'actes pour le compte de soldats de l'armée de Catinat. La non-existence dans l'ancien droit de pouvoirs dans cet ordre d'idées chez les officiers de l'armée, donne beaucoup d'importance aux officiers locaux. Dans les guerres modernes cette situation n'aurait aucune raison d'être. — La théorie de la compétence des notaires vis-à-vis des soldats de l'armée occupante cadre très bien avec la théorie du déplacement de souveraineté immédiat.

(2) Notaire *ducal royal*, à cause des prétentions de la Maison de Savoie aux Royaumes de Chypre et de Jérusalem.

dernes, le long délai imparti aux annexés pour changer la formule de leurs actes ou modifier leur timbre (1), on doit se résigner à constater qu'il faut trouver dans les minutiers une quantité de formules similaires, aux mêmes époques, pour établir une présomption quelconque de changement de souveraineté. Quoi qu'il en soit, le dépouillement des minutiers constitue une source, sinon de premier ordre, au moins très importante, et ce sont souvent des documents de cette nature qui nous ont permis personnellement de reconstituer des changements de souveraineté territoriale aux XVIIe et XVIIIe siècles, parfaitement ignorés jusqu'ici (2).

Je n'ai point parlé, dans cette énumération des sources, des actes de l'état civil. Tenus par le clergé avec autant de brièveté qu'il est possible, ne faisant naturellement aucune mention du souverain, ils ne donnent dans l'espèce, au moins c'est le *quod plerumque fit*, aucun renseignement utile.

(1) Ce détail est la cause des plus grandes difficultés pour l'étude des déplacements de souveraineté. V. au greffe de Chambéry le temps très long accordé aux autorités communales pour se servir d'une nouvelle forme de rédaction des actes de l'état civil après l'annexion de 1860. — Même remarque pour les annexions à la suite de traités dans l'ancien droit. V. au greffe du tribunal de Grasse les archives non classées de l'état civil des communes de Gattières et de Consegudes, échangées contre Guillaumes, au traité de Turin de 1760. Les textes français sur l'état civil n'y furent complètement appliqués qu'en 1770.

(2) La grande difficulté pour le travail pratique sur les minutiers, consiste dans la loi de ventôse an XI qui prescrit le maintien des minutiers dans les études, où ils demeurent sans utilité. Les notaires opposent aussi très souvent le secret professionnel, l'intérêt des familles, etc. Les chambres des notaires renchérissent souvent sur ces dispositions anti-libérales.

III

La théorie de la conquête ne doit être cherchée que dans les occupations non suivies de traité, ou, lorsqu'un traité est intervenu, qui a permis au conquérant de conserver sa conquête, dans la période antérieure à l'instrument diplomatique. C'est ainsi que le régime de l'Artois non réservé, depuis la conquête de 1640 jusqu'au traité des Pyrénées, fait partie de notre étude. Ainsi en est-il pour la Franche-Comté en 1668 et pour la seconde conquête, pour la période intermédiaire entre 1674 et les traités de Nimègue. Ainsi en est-il pour la Flandre française en 1667 et pour l'Artois réservé en 1677 ; de même pour le Hainaut et le Cambrésis.

Toutes les conquêtes effectuées en vertu d'un traité ou ayant cet instrument pour prétexte, comme la période dite des Chambres de réunion, après le traité de Nimègue, sont hors de notre plan, et nous les éliminons complètement. Les principes en vertu desquels la souveraineté a été déplacée sont ici tout autres, et les introduire dans notre cadre serait complètement détruire le caractère scientifique de notre travail et briser son unité. Nous éliminons de même toutes les occupations militaires,— et il y en a de très longues et de très importantes par leurs conséquences juridiques — qui offrent un caractère qui n'est pas absolument ce-

lui de la conquête. Ainsi, la Savoie et Nice ont été
longtemps occupés par François Ier et Henri II jusqu'au traité de Cateau-Cambrésis ; mais un instrument
diplomatique, la trêve de Nice, intervertit le caractère
de cette conquête. Il en est de même pour le régime
des trois évêchés de Metz, Toul et Verdun, sauf dans
la période qui sépare l'année 1552 du traité de Cateau-
Cambrésis. Pour la période presque séculaire qui sépare le traité du Cateau de ceux de Westphalie, le
traité du Cateau change la nature de la conquête. Les
occupations d'Orange, du Comtat-Venaissin, toutes
celles qui supposent une précarité féodale vraie, ou
prétendue, sont également hors de notre sujet.

Il demeure bien assez vaste ainsi réduit et la recherche de la documentation doit encore s'effectuer
sur un nombre immense de villes et de communautés
du plat pays. Dès le seizième siècle, la question présente tout son intérêt juridique ; mais elle n'a encore
qu'une faible documentation.

Les guerres de Charles-Quint contre François Ier
nous montrent les premiers aspects de la conquête moderne, mais sous une forme très particulière. Charles-
Quint, sous la mouvance du roi ès-qualités de comte de
Flandre et d'Artois, enlève brusquement les juridictions de ces pays au ressort du parlement de Paris
pour les rattacher au grand conseil de Malines. C'est
une sorte de conquête sans déplacement que le traité

de Madrid ratifia du reste quelques années plus tard (1).

La grande invasion de Philippe II en 1557, sa marche sur Paris, l'occupation de St-Quentin et en général du Vermandois et du Noyonnais, ont vraisemblablement opéré dans ces régions un déplacement de souveraineté, mais comme les armées de Philippe II n'eurent contact avec aucune cour souveraine, mais seulement avec des juridictions secondaires, comme le baillage de Vermandois, et encore ce contact est-il hypothétique, l'historicité de ce déplacement de souveraineté n'est pas absolument certaine. Dans la contrepartie de cette invasion, dans les incursions de Henri II dans les Pays-Bas le déplacement de souveraineté paraît plus visible : au moins peut-on le constater dans un changement de nom imposé par Henri II à certaines localités du pays occupé (2).

Pendant les guerres de la Ligue, les occupations espagnoles en France se trouvent infectées de précarité ; les conquêtes sont faites au titre ligueur et ce n'est qu'à partir de la déclaration solennelle de guerre d'Henri IV au roi d'Espagne qu'on peut constater une interversion

---

(1) Il est impossible de se rendre compte si l'invasion de Charles-Quint en 1544 amena des déplacements de souveraineté sur les baillages de la Champagne orientale, notamment dans le Perthois. La série B aux archives de la Marne n'est pas encore classée et ne le sera pas de longtemps. De plus, le baillage de Vitry-le-François n'a été créé qu'en 1545. La question se réduit donc au baillage de Ste-Menehould.

(2) Notamment Mariemont. V. aux archives départementales des Ardennes dans la série B le fonds très improprement appelé du reste *prévôté royale d'Agimont* : il faut du reste être bien au courant de l'histoire de ces régions pour ne pas se laisser induire en erreur par la forme extérieure de certaines pièces de ce fonds.

de titre. Les Espagnols, outre le plat pays picard qu'ils dévastèrent, s'emparèrent de villes importantes, comme Calais et Amiens : mais on ne connaît que la prise militaire de ces deux villes : l'historicité du déplacement de souveraineté, quoique infiniment vraisemblable, ne s'appuie pas sur des sources directes. La situation est identique dans la contrepartie : Henri IV occupa, après Fontaine-Française, de notables portions du plat pays de la Franche-Comté, et même des villes importantes comme Arbois, Lons-le-Saulnier. Le roi n'ayant mis la main que sur des juridictions, royales, il est vrai, mais inférieures, l'historicité du déplacement de souveraineté est forcément douteuse. Elle est encore contestable sur le baillage d'Aval bien que certains rapports avec la municipalité de Lons-le-Saulnier puissent la faire soupçonner.

Au contraire, l'occupation de la Savoie par Henri IV présente un caractère immédiat et complet de déplacement de souveraineté : c'est qu'il a mis la main sur une juridiction souveraine.

Le début de la période française de la guerre de Trente Ans n'offre que des déplacements de souveraineté assez équivoques : la précarité liégeoise enlève tout caractère de conquête aux opérations dans la Belgique orientale en 1635 : de plus, la région de Louvain et de Tirlemont (1) a eu ses archives brûlées à cette

____

(1) Ceci est surtout vrai pour Tirlemont.

époque. En 1636 les Espagnols envahissent la France, et marchent sur Paris par la Picardie : indépendamment du plat pays, ils occupent la ville de Corbie, mais, comme ils n'ont pris que des localités sièges de juridictions inférieures, l'historicité du déplacement de souveraineté sur la Picardie centrale est encore contestable. A plus forte raison, pour l'invasion de Galas en Bourgogne, qui ne mit la main que sur un seul baillage royal et se borna à occuper le plat pays. — Mais, à partir de 1640, la scène change sur les frontières du nord : la prise d'Arras a bien le caractère d'un déplacement de souveraineté ; ainsi en est-il pour toutes les places des Pays-Bas à partir de cette époque, lors même qu'elles ne sont pas le siège d'une juridiction souveraine. Ainsi en est-il aussi sur la frontière méridionale : le déplacement de souveraineté s'opère immédiatement sur le Roussillon et même sur la Catalogne (1).

Arrive la Fronde, et avec elle une nouvelle précarité : il est difficile de savoir à quel souverain obéissaient les troupes demi-espagnoles, demi-frondeuses, qui évoluaient dans la région des Ardennes : ici, tout est équivoque, et la souveraineté sur les villes de Réthel, Château-Porcien ou autres est bien énigmatique (2).

(1) Les renseignements les plus curieux sur le déplacement de souveraineté en Catalogne se trouvent là où on ne les cherche pas, aux archives communales d'Ypres : l'analogie avec les situations juridiques en *Cathalogne* se trouve présentée par l'intendant français. V. aux archives d'Ypres le *Register van resolutien van hoogbaillu*, 1648, cote 104.

(2) On ne trouve à ce sujet dans la série EE de Réthel que des do·

Avec la guerre de dévolution, l'équivoque cesse absolument : jamais situation ne fut plus nette : en 1667,
la prise d'une place est suivie du déplacement immédiat de la souveraineté, théorie qui reçut sa consé-
cration dans le traité d'Aix-la-Chapelle et dans les
formes territoriales bizarres qu'il consacra. La théorie du déplacement immédiat de souveraineté eut pour
conséquence la théorie de l'*uti possidetis*, ou du moins
de ce qu'on était convenu de désigner sous cette dé-
nomination.

La guerre antérieure à celle de Dévolution, c'est-à-
dire le prolongement de la guerre de Trente Ans après
la paix de Westphalie sur la frontière des Pays-Bas
offre les caractères les plus complets, et les plus curieux de déplacements de souveraineté : et si j'insiste
ici sur cette période prépyrénéenne, c'est que l'histoire des déplacements de souveraineté en est des
plus difficiles à contrôler. Les deux capitulations
de Furnes et d'Ypres en 1658, celle d'Ypres en 1648
sont des monuments complets de changement de
souveraineté. A côté des clauses exclusivement militaires en vertu desquelles les *gens de guerre doivent
se conduire en toute modestie*, les clauses politiques
sont d'une portée immense (1). Les villes d'Ypres et

cuments insignifiants. Rien non plus aux archives départementales
des Ardennes, dans aucune série. Pour la série BB de Réthel, elle ne
commence qu'en 1668, c'est-à-dire à une date dénuée de tout intérêt.
La série BB de Château-Porcien est en lacune de 1648 à 1674. Les
liasses de la prévôté de Rocroy commencent seulement en 1678.

(1) Voir dans la *maison des officiers espagnols* où se trouvent à l'heure

de Furnes et leurs châtellenies appartiendront pour toujours au Roi, les habitants seront ses sujets (1). On aboutit même à une centralisation financière qui n'est pas encore complètement accomplie pour l'intérieur du royaume : c'est ainsi, qu'en vertu des capitulations d'Ypres et de Furnes, les dettes de la commune ès qualités, ou en qualité de membre de Flandre deviennent obligatoires, ou du moins le Roi confirme le caractère obligatoire de l'exigibilité des dettes communales et garantit aux rentiers municipaux le paiement de leurs arrérages. Le corps communal d'Ypres dans une de ses délibérations de 1648 nous donne des aperçus très nouveaux, notamment sur la compétence du Parlement de Paris relativement au contentieux des capitulations,—*recht soude vervolghen int Parlamant tot Parijs* (2). — C'est bien là le transfert complet de souveraineté. — Le gouvernement du Roi s'empare complètement du renouvellement de la loi (*de wet*), c'est-à-dire du magistrat, et c'est l'intendant Talon qui nomme les échevins (3). La docu-

actuelle les archives jadis classées de la ville de Furnes le *Register van resolutien van hooghaillu van stadt Veurne,* 1658. Indépendamment du texte des capitulations militaires, qui sont connues, et de documents émanés de Turenne, d'un intérêt exclusivement militaire, les délibérations du *hooghaillu* et des échevins ont une haute portée juridique. Malheureusement, beaucoup des registres de Furnes sont égarés ou paraissent l'être.

(1) La capitulation de Furnes en 1744 est même beaucoup plus affirmative : mais entre ces deux époques, il y a toute une évolution dans les idées. V. *infrà*, p. 76.

(2) Archives communales d'Ypres, cote 104 au *register van resolution van hooghaillu van stadt Yper,* 1648.

(3) Le 18 août 1659, serment comme échevin de Nicolas Teerlynch,

mentation sur la période prépyrénéenne est éparse
entre les archives de l'Etat, à Bruges et les archives
d'Ypres et de Furnes. Mais le déplacement de souveraineté ne peut se voir que sur les villes : sur les châtellenies, c'est-à-dire sur le plat pays, elle est impossible à constater : les registres de la châtellenie d'Ypres,
aux archives de Bruges, ne concernent qu'une époque
postérieure. Ceux de la châtellenie de Furnes ont disparu. Les archives de Nieuport et de tout le plat pays
thiois de ces régions sont dans le chaos.

La guerre dite de Hollande, et les luttes succédanées
qui se terminent aux traités de Nimègue offrent l'exemple de déplacements de souveraineté nombreux et ca-
ractérisés. Utrecht devint, pour un an, le chef-lieu
d'une véritable généralité française. Suivons cette
guerre dans les diverses applications du droit de
conquête qu'elle a entraînées.

L'occupation de la Franche-Comté est suivie d'un
déplacement immédiat de souveraineté, dès 1674. Les
cours souveraines appartiennent immédiatement au
Roi ; il suffit, pour s'en convaincre, d'étudier aux Ar-

nommé par « *M. Thalon, intendant des armées du Roy* » (comptoir secret d'Ypres, loquet n° 90). — L'intendant des finances *en nos armées
de Flandre et de Luxembourg,* le sieur Talon, reçoit commission du
Roi pour le renouvellement du magistrat d'Ypres, vérifier et clore les
comptes communaux (Comptoir secret d'Ypres, loquet 89, n° 4) ; ce
n'est pas toujours l'intendant qui nomme le magistrat : le 3 décembre
1658, le marquis d'Humières, gouverneur d'Ypres, nomme échevin
Jacques Loupe *loco* Claude de Meulenaere, mort. — Plus tard l'intendant reprend les nominations (comptoir secret d'Ypres, loquet
78, n° 22).

chives du Doubs, les registres manuscrits du Parlement de Dôle et surtout ceux de la Chambre des comptes de Dôle (1). Dès 1674, la souveraineté française est établie : ce que n'a pas compris notre moderne Conseil d'Etat (2), lorsque, dans une question de droits acquis opposables au domaine public, il a placé le changement de souveraineté au traité de Nimègue, se fondant probablement sur de prétendus principes qui n'avaient aucun rôle à jouer dans cette question. Une déclaration royale de 1728 avait au contraire, pour le déplacement de souveraineté en Franche-Comté, donné la date de 1674 (3).

Si, en Franche-Comté, le changement de souveraineté est patent relativement aux cours souveraines, il est beaucoup moins visible pour les juridictions inférieures, baillages et prévôtés. Aucun signe de déplacement de souveraineté dans les actes du baillage d'Arbois ou ceux de Salins (4) : du reste, la parcimonie

(1) En mars 1675, c'est-à-dire sous le régime de l'occupation, la Chambre des comptes de Dôle enregistre à titre d'office royal, une provision de professeur de droit coutumier à l'Université de Dôle pour Pierre Tixerand, docteur en droit civil, — Archives du Doubs, B-604, f⁰ 49. Pour les nominations d'officiers aux baillages pendant l'occupation, V. Archives du Doubs, B-604, fᵒˢ 49 et 52. Les officiers en question sont nommés à Besançon, à Salins et à Gray.

(2) Contentieux, 19 juin 1885, De Buyer (affaire des forges de Scey-sur-Saône). *Recueil des arrêts du Conseil d'Etat*, 1885, p. 611 et s. Dans cet arrêt, la question de déplacement de souveraineté à la date du traité de Nimègue, ne paraît pas faire le moindre doute, car la question de date n'est pas même soulevée.

(3) Cependant, après Nimègue, les officiers de la Franche-Comté prêtent au roi un second serment. V. B-605 aux Archives du Doubs.

(4) Pour les salines qui font la principale richesse de Salins et qui

du conseil général du Jura à l'égard du classement des archives de son département, y a rendu les recherches presque impossibles. Même remarque pour le baillage d'Amont, où le déplacement de souveraineté est impossible à fixer d'après les archives de la Haute-Saône : tout est mystère pour ce baillage d'Amont et les archives communales de Vesoul, dont les registres antérieurs à 1688 ont disparu, ne sont pas pour éclairer la question (1).

Mais la même guerre donne au contraire des exemples lumineux de changement de souveraineté dans une tout autre région. Le 9 mars 1678, Louis XIV s'empare de Gand : serment immédiat de tous les officiers de la ville, et, ce qui est bien plus inattendu, compétence immédiate de la Chambre des comptes de Lille vis-à-vis des comptes communaux (2), renouvel-

font partie du domaine du Roi ès-qualité de comte palatin de Bourgogne, le changement de souveraineté se place à la date de l'occupation. Ainsi le bail nouveau du fermier saunier se place *au jour que Sa Majesté a fait la conqueste*. Ce bail est enregistré sous le régime de l'occupation à la Chambre des comptes de Dôle. V. Archives du Doubs, B-605, f° 10.

(1) Les documents franc-comtois nous montrent, ce qui est assez rare, des textes relatifs à des anoblissements pendant des périodes d'occupation militaire. Voyez aux Archives du Doubs, B-649, f° 468, la lettre patente d'anoblissement accordée à G. Barbaud, seigneur de Florimont, en 1675. — Pour les détails sur la situation faite aux personnes de qualité pendant le régime de la conquête, V. le 19ᵉ registre des reprises de fiefs et dénombrements, Archives du Doubs, B-640. Chambre des comptes de Dôle, f° 64.

(2) Cette théorie extrêmement curieuse se trouve aux archives communales de Gand, *Recueil des chartes*, charte n° 1936, avril 1678. — Comme sources de l'histoire de l'administration communale de Gand pendant l'occupation de Louis XIV, Cf. les chartes nᵒˢ 1935, 1936, 1937 et le registre des échevins de la Keure 107. Voyez dans ces textes des théo-

lement du magistrat local par l'intendant Le Pelletier, autorisation de s'imposer extraordinairement donnée à la commune, voilà ce que nous apprennent les archives communales de Gand (1). La souveraineté fut aussi déplacée sur la province entière : le Conseil de Flandre (2) devint juridiction royale, mais sa correspondance avec le Roi paraît avoir été falsifiée, et même plus, *ex post facto*, par le gouvernement espagnol restauré (3). En tout cas, les documents que renferme l'ancienne abbaye de Baudeloo éclairent insuffisamment, sur ce point, la religion de l'historien. Pour les rapports de la souveraineté de Louis XIV avec les Etats provinciaux de la Comté de Flandre, les archives de l'Etat offrent une documentation plus touffue (4). L'annexion du quar-

ries très curieuses sur le monopole des chevaux, notamment dans la charte n° 1937.

(1) Pour le régime des dîmes ecclésiastiques pendant l'occupation française de 1678, V. aux archives de l'Etat à Gand : édits et ordonnances de Flandre, *Supplément*, dismes à rebail, n° 155.

(2) Si le Conseil de Flandre devint juridiction royale, ce ne fut pas sans de nombreux tiraillements. Un schisme eut lieu et une partie, demeurée au service d'Espagne, émigra à Bruges, ville que Louis XIV n'occupa jamais. De nombreuses questions s'élevèrent dans la suite pour savoir si le gouvernement de Charles II restauré, reconnaîtrait les nominations faites par Louis XIV. Le principe de l'inamovibilité triompha, et cette crise est assez connue, comme intéressant l'histoire de l'inamovibilité de la magistrature aux Pays Bas.— Pour toutes ces questions qui rentrent dans l'histoire générale, on ne saurait mieux faire que de consulter les mémoires historiques du président de Nény sur les Pays-Bas.

(3) Archives de l'Etat à Gand. Correspondance du Conseil de Flandre, liasse 291. Le deuxième registre des rescriptions du Conseil de Flandre présente une lacune entre février 1678 et juin 1679.

(4) Archives de l'Etat à Gand. Etats de Flandre, registres 613 et 615. Pendant la période d'occupation de Louis XIV, la correspondance des Etats de Flandre continue avec le Roi d'Espagne, ce qui, vu les dates,

tier de Gand, était telle que Louis XIV faisait bâtir à Gand des casernes,à ses frais en définitive,puis qu'il en imputait les dépenses sur la contribution (1). Jamais l'*animus domini* ne fut poussé plus loin. Quant à la juridiction exercée par Louis XIV sur Gand comme souverain féodal, elle est plus difficile à saisir, car la chambre légale de Flandre ne présente pas dans ces archives de liasse prouvant l'exercice par Louis XIV de ses droits féodaux comme comte de Flandre. Le premier traité de Nimègue, signé avec les Provinces-Unies, est promulgué à Gand par Louis XIV, comme dans tout le reste du royaume. — Les occupations

permet de supposer des interpolations et le procès-verbal de résolutions apocryphes. Mais il y a un petit recueil manuscrit, non compris dans le numérotage général des registres des Etats de Flandre : ce registre est spécial à l'occupation française de Gand et d'Ypres. Il contient à la cote 2 une pièce intéressante sur la tutelle administrative française : il s'agit du contrôle des *comptes des aydes et subsides et des droits des 4 membres de Flandre* ; 4 baillifs sont commis *sous le bon plaisir du Roy* pour examiner ces comptes (25 juillet 1678).

(1) Et pendant ce temps on délibérait déjà à Nimègue : Louis XIV aurait donc conservé longtemps des illusions sur l'étendue des concessions qu'on pourrait lui faire aux Pays-Bas. C'est là un problème d'histoire générale auquel je ne veux pas m'arrêter, car il sort de la théorie du déplacement de souveraineté en temps de guerre. Pour la question des casernes, cf. *Archives communales de Gand*, résolutions municipales de 1678. — Sur les casernes bâties par Louis XIV, dans les villes occupées, cf. le *livre rouge* de Mons, III, à la date du 12 juillet 1691 (*Archives communales de Mons*). — Pour les casernes de Gand notamment, la contribution ne suffisant pas, on recourut au vingtième denier. V. *Archives communales de Gand*, charte n° 1936. L'autorisation donnée par Louis XIV à la ville de Gand de s'imposer du vingtième denier est datée de Saint-Germain-en-Laye, le 22 juin 1678 : Nos amez et féaux,... nous permettons pour la dépense qu'il conviendra faire pour la construction desdites cazernes ou autres charges extraordinaires, le vingtième denier de ce que porte le louage des maisons.

dans la Belgique orientale, *verbi gratia* dans le Limbourg offrent le même caractère de déplacement immédiat de souveraineté, dont la théorie paraît complètement construite en 1678 (1).

La rédaction de l'instrument de Nimègue, et les arguments qu'en tira Louis XIV pour des annexions subséquentes, semblent bien inspirées par la théorie du changement de souveraineté immédiate. Dans l'instrument de Nimègue, lorsqu'une ville ou une région de plat pays n'est pas expressément rendue par le Roi au roi catholique, il suffit que ses troupes y aient exercé la souveraineté d'une manière quelconque, pour que cette souveraineté s'y maintienne définitivement. C'est là, sinon toute la théorie des chambres de réunion, au moins l'une des bases, et peut-être la plus importante, de leurs sentences.

La théorie du déplacement immédiat de souveraineté, aisée à étudier dans la guerre qui finit à Nimègue, devient bien plus obscure dans la période suivante du règne de Louis XIV, et cette obscurité, c'est l'intervention même des chambres de réunion qui en est cause : du moment qu'une conquête nouvelle est faite, officiellement du moins, en vertu d'un instru-

---

(1) L'histoire du déplacement de souveraineté dans le Limbourg pendant la guerre qui finit aux traités de Nimègue, se trouve tout entière aux archives de l'État à Liège. Le Limbourg de l'ancien droit est en effet compris dans la province moderne de Liège. Quant à la province actuelle de Limbourg belge, elle n'a aucun rapport avec l'ancien Limbourg. Il ne faut donc chercher aucun document relatif à l'ancien Limbourg au petit dépôt de l'Etat à Hasselt.

ment diplomatique, le changement de souveraineté, —
c'est même un truisme, — ne se fonde plus sur la seule
conquête. A peine, dans cette période, peut-on trouver
quelques déplacements de souveraineté en vertu de la
conquête proprement dite, opérés dans les châtellenies
voisines de la frontière de Nimègue. Pour reprendre
les applications de la théorie dans toute leur netteté et
dans toute leur ampleur, sans aucune précarité qui
les vicie, il faut descendre jusqu'à l'année 1688. Mais
alors, la guerre entre Louis XIV et la coalition for-
mée à Augsbourg offre tant et de si curieux exemples
de déplacement immédiat de souveraineté, qu'on peut
dire que la période de 1688 à 1697 est la période où
la théorie est le plus entière : c'est là le centre de notre
histoire.

Pendant la guerre de la ligue d'Augsbourg, les déplacements de souveraineté sont nombreux, ils sont
importants, ils sont faciles à constater. L'administration intérieure française s'est centralisée et par cela
même perfectionnée : le rôle des intendants est devenu
plus actif. En même temps, certaines institutions,
comme celle de la milice (1), se développent en France :

(1) Pendant l'occupation de 1668, le gouvernement de Louis XIV
leva un régiment dans la Franche-Comté. Pendant la guerre de Hollande et celle qui suit, la coutume de lever une milice dans le pays
occupé paraît tomber en désuétude. A Gand, en 1678, la noblesse
réclame même de Louis XIV, d'être déchargée des convocations militaires que lui imposait le gouvernement de Charles II. Voyez l'article 4 de la capitulation de Gand : « Les nobles et autres possédant
fief, seront déchargez du ban et arrière-ban. » (Placard non classé, à
la bibliothèque de Gand).

on verra plus tard pourquoi nous y faisons allusion.
De plus, Louis XIV fut, sur toutes les frontières de son
royaume, et dans tous les pays où se faisait la guerre,
en contact direct avec des cours souveraines (1) ou
avec d'autres qui se prétendaient telles : d'où le changement de souveraineté immédiat est extrêmement
visible.

Sur les Alpes, la souveraineté du roi se heurte contre une souveraineté voisine (je laisse de côté la pla-
tonique mouvance impériale), avec laquelle elle était
en paix depuis longtemps, je veux dire la souveraineté de Savoie. Cette maison de Savoie avait, sur la
frontière même du royaume, deux juridictions souveraines, le Sénat de Savoie et le Sénat de Nice (2). En
1691, l'armée du roi occupe Chambéry, et aussitôt le
Sénat de Savoie devient une juridiction française.
C'est en Savoie, dès 1691, que le changement de souveraineté est peut-être le plus radical. Louis XIV nomme
les magistrats du Sénat, même les premiers présidents;
ils sont originaires de l'intérieur du royaume (3) :
la Savoie devient annexe de la généralité de Greno-

----

(1) Et aussi avec des pays d'Etats, *verbi gratia* le Hainaut et Namur.

(2) Je laisse de côté les Chambres des comptes, dont le contact
avec l'occupant présente un caractère tout différent. L'invasion française eut d'ailleurs à régler les questions de préséance entre les diverses cours souveraines : ces conflits devant l'ennemi paraissent bizarres à nos idées modernes.

(3) On peut même ajouter qu'ils se gardèrent souvent de venir ré-
sider en Savoie.

ble (1). Les petits officiers du plat pays se ruent sur le titre trop prodigué de conseiller du roi en ses conseils (2) ; les tabellions qui foisonnent dans les petites communautés arborent le titre de notaire royal : comme on passe du service d'un duc au service d'un roi, tout le monde monte en grade. Le roi exerce dans son duché de Savoie (3) comme ailleurs la justice retenue : évocations au conseil, changements de juridiction, tout se passe en Savoie comme dans le reste du royaume, quoique l'ordonnance de 1667 ne paraisse pas y avoir été importée : du moins je n'en ai pas trouvé de trace positive. Les archives du Sénat de Savoie permettent de reconstituer ce changement de souveraineté (4) ; les archives départementales des deux départements savoisiens, extrêmement pauvres, ne donnent presque

(1) Malgré son caractère d'annexe de la généralité de Grenoble, la Savoie n'eut jamais le même papier timbré. Pendant l'occupation de 1691-1696, tous les actes furent rédigés sur papier libre. Pendant la guerre de succession d'Espagne, l'intendant de Grenoble fit confectionner un papier timbré spécial, ne portant ni les dauphins de la généralité de Grenoble, ni la croix de Savoie, mais seulement les armes de France, avec la mention : *Savoye, six deniers*. C'est le seul exemple pour l'ancien droit, de papier timbré fabriqué pour une étendue territoriale ne coïncidant pas avec celle d'une généralité.

(2) Ceci est vrai non seulement dans les petites judicatures-mages, mais encore dans les simples mandements. — Cf. les archives non classées du Sénat de Savoie.

(3) Louis XIV ne prit du reste dans aucun acte le titre de duc de Savoie, tandis que, dans les mêmes guerres, il prit souvent le titre de Comte de Nice dans ses rapports avec le Sénat de Nice. — En Franche-Comté, il prend, dès la prise de Dôle en 1674, le titre de Comte Palatin de Bourgogne. — Dans presque tous les actes relatifs à l'occupation de Furnes, Louis XIV prend ses titres complets de Roi de France et de Navarre, Dauphin de Viennois, comte de Valentinois, Diois, Provence, Forcalquier et terres adjacentes.

(4) Principalement les liasses dites des *Edits-Bulles*.

rien. Quant aux archives communales, elles sont loin de présenter dans cet ordre d'idées l'intérêt de celles de Gand : les archives de Chambéry, d'Annecy (1) et des petites communautés du plat pays ne donnent que des renseignements extrêmement terre à terre sur des passages de troupes (2).

Si le changement de souveraineté paraît immédiat et complet en Savoie, il paraît l'être encore davantage à Nice pendant la même année 1692. Le rattachement à l'intendance de Le Bret est moins intense, il est vrai, que ne l'est en Savoie le rattachement à l'intendance de Bouchu, mais l'étroitesse des liens de souveraineté entre Louis XIV et le *Senato di Sua Maestà Cristianissima sedente in Nizza* est excessive. C'est au Sénat de Nice que nous verrons plus tard Louis XIV et

(1) Les archives communales d'Annecy, et principalement les registres aux délibérations municipales ont été parfaitement tenues pendant les deux occupations françaises du règne de Louis XIV. Il n'en est pas tout à fait de même de celles de Chambéry. Du reste, dans ces deux archives communales, il ne s'agit que de fournitures de foin, de paille, de couchage de troupes. Les seules questions juridiques qu'on puisse y relever ont trait aux exemptions des personnes de qualité : c'est toujours à propos des prétentions des personnes de qualité à l'égard du logement des gens de guerre qu'on peut trouver des questions de droit public d'ordre assez élevé soulevées dans les délibérations municipales. Dans cet ordre d'idées, du reste, les archives de Mons sont infiniment plus intéressantes.

(2) Outre les archives ci-dessus citées, voir dans la série C des archives de l'Isère (on ne trouve rien dans la série B) les sentences de l'intendant Bouchu. Les registres de Bouchu sont extrêmement bien tenus, et la documentation y commence, dans l'espèce, en l'année 1692 (Archives de l'Isère, série C, jugements et ordonnances de Bouchu de 1689 à 1694, fᵒ 155, *id.* fᵒ 173). Par contre les registres des jugements et ordonnances de son successeur, Nicolas Bavyn d'Angervilliers, laissent beaucoup à désirer.

Barbezieux soutenir la théorie aussi curieuse que parfaitement ignorée jusqu'ici de la mise en vigueur de l'ordonnance de 1667 dans les pays conquis *ipso facto* de l'occupation militaire (1). Le Sénat de Nice devient un parlement enregistreur : il enregistre les nominations d'officiers faites par Louis XIV, même celles d'officiers d'un caractère presque exclusivement militaire comme le gouverneur et le lieutenant de roi (2).

(1) Cette lettre de Barbezieux, datée de Versailles, le 23 novembre 1692 se trouve aux archives des Alpes-Maritimes, registre B-12.

Le parlement de Provence voulait faire exécuter ses arrêts dans le ressort du Sénat de Nice conformément à l'article 6 du titre 27 de l'ordonnance de 1667. Refus du Sénat de Nice et conflit entre les deux cours souveraines. Barbezieux écrit au Sénat de Nice « que l'intention de Sa Majesté est que l'article 6 du titre 27 de l'Ordonnance de 1667 soit exécuté dans cette province de même que dans le *reste du royaume* ». Le 7 décembre, seconde lettre de Barbezieux : comme Sa Majesté ne désire rien *innover* de ce qui s'est pratiqué jusqu'à présent, elle désire que l'ordonnance de 1667 soit exécutée à Nice, etc. — L'extension immédiate de la législation française au pays occupé est donc le droit commun. — Ce que dit Le Bret, intendant d'Aix et premier président du parlement de Provence dans une lettre de la même époque. La même théorie résulte de la manière dont M. de la Porte, premier président du Sénat de Nice, publie à Nice le mode d'exécution des arrêts revêtus du *pareatis* du grand sceau.

Un autre texte nous apprend la mise en vigueur à Nice de l'Edit du mois d'août 1669 concernant les domaines (lettre de Phélipeaux, 31 mai 1693, même registre B-12).

Mais la législation sur les *committimus* ne fut pas d'aussi facile exportation. La marquise de Dolce-Acqua, en procès avec son mari, déclina la compétence du Sénat de Nice, voulant le *committimus* de Sa Majesté, disant que c'était un privilège donné à eux par le duc de Savoye ; la conquête française avait transmis ce droit au Roi. Barbezieux dans une lettre du 24 novembre 1693, déclara que le *committimus* n'avait pas de raison d'être dans l'espèce, — B-12 aux Alpes-Maritimes.

(2) Sa Majesté établit pour commander en la ville et citadelle de Nice tant aux habitants qu'aux gens de guerre le brigadier de La Fare. Le Sénat enregistre la nomination en ces termes : *Senatus, audita relatione constitutionum domini equitis Hyerosolimitani et Guberna-*

Il sert même au Roi, lui, juridiction conquise, de conseil de guerre pour réprimer les désordres des soldats en maraude (1) : solution d'un libéralisme extrême, peut-être même excessif en l'espèce, et qui étonnerait bien nos contemporains dont les plus libéraux osent à peine espérer une timide réforme des juridictions militaires en temps de paix. Ce qui montre que la conquête de l'ancien droit, par suite des déplacements immédiats de souveraineté qu'elle entraîne après soi, ne laisse à l'autorité militaire qu'un champ d'action relativement restreint. L'autorité militaire, dans les pays conquis, est loin de posséder, pendant les guerres de l'ancien droit, l'autorité que lui laisse aujourd'hui, en temps de paix la législation de l'état de siège fictif.

Toutes ces conquêtes françaises à l'étranger offrent une contre-partie ; même pendant la guerre de la ligue d'Augsbourg. En 1692, le duc de Savoie, Victor-Amé, avec une armée impériale, débouche dans la haute vallée de la Durance et ses troupes envahissent tout le haut Dauphiné, jusqu'au delà de Veynes. La tradition constante, dans le département des Hautes-Alpes, consiste à soutenir que cette invasion, à Chorges, à Gap, partout où elle passa, ne fut qu'une simple course, entraînant après soi des pillages et des incendies, mais

tionis de la Fare, debita expedit, sub quarta maii 1691 *mandat regis trari Nicie septima Junii.* — Même cérémonie par le lieutenant de Roi, M. de Lurzy. — Archives des Alpes-Maritimes, registre B-12-7°.

(1) 30 juillet 1693. Archives des Alpes-Maritimes, registre B-12.

aucune modification de souveraineté dans la vallée de la haute Durance. Cette tradition locale est en partie inexacte : assurément les archives de Gap ou de Veynes ne contiennent aucunement la trace de l'établissement sur des communautés de la souveraineté piémontaise, mais il n'en est pas de même pour Embrun. Dans cette ville, si les archives communales, qui paraissent avoir été mutilées par des intéressés, présentent une lacune énorme à l'époque de l'occupation piémontaise, cette prétérition n'existe pas dans tous les minutiers du tabellionage. Un minutier, qui ne figure dans aucun dépôt officiel (1), laisse à penser au contraire que la souveraineté du roi fut détruite à Embrun.

Je cite ce fait de détail, non seulement à cause du caractère du document qui le constate, mais aussi

(1) Registre des actes reçus par moy, Jean Balp, *notaire reconnu* lors de la prise d'Embrun par le prince de Piedmont (1692). Ce très curieux minutier se trouve dans l'étude de M. Marius Imbert, notaire à Embrun. A l'encontre de tous les minutiers contemporains, de la région, il ne porte pas le timbre de la généralité de Grenoble. Aucun de ses actes ne porte en marge la mention du *controlle*. Il contient, notamment à sa cote 26, des donations non insinuées. Le minutier de Jean Balp nous donne des arguments très forts contre la théorie des déplacements de souveraineté sous condition résolutoire, généralement admise par les anciens auteurs du droit des gens. En effet, pendant tout le cours du XVIIIe siècle, de nombreuses expéditions des actes reçus sous la souveraineté du prince de Piedmont et insérés dans le minutier ont été délivrées aux parties intéressées sans aucune observation spéciale. On ne leur a jamais dénié la valeur d'actes authentiques. — Dans le même ordre d'idées, contre la théorie des déplacements de souveraineté sous condition résolutoire, voir aux archives de Namur, l'acceptation par Marie-Thérèse en 1749 des nominations ecclésiastiques faites par Louis XV, après la bataille de Fontenoy. — Nous donnons *infrà* les références avec détail. V. p. 70, note 1. — Et ces exemples ne sont pas isolés.

parce qu'il m'a paru unique et isolé dans l'histoire des invasions piémontaises de cette époque. — Pourtant, pendant la même période, il se peut que la souveraineté ait été également déplacée dans quelques communautés du plat pays haut delphinal, ce qui semble résulter de quelques formules du tabellionage. Toutefois ce déplacement de souveraineté, dans le plat pays, a un caractère équivoque (1).

La guerre ne se fait pas seulement sur les Alpes, elle se fait aussi aux Pays-Bas, et la théorie du changement immédiat de souveraineté y fait des progrès frappants. Louis XIV, en 1691 et 1692, met la main sur Mons et Namur. Pour l'historien militaire ce sont deux forteresses : pour l'historien du droit public ce sont deux résidences de cours souveraines. La première, la juridiction hennuyère, est une cour absolument souveraine au sens français du mot : la seconde, la juridiction namuroise, n'est souveraine que *secundum subjectam materiam*, dépendant du grand conseil de Malines. Louis XIV s'empare en même temps des deux juridictions féodales, hennuyère et namuroise. Son gouverneur de Namur, le lieutenant-

(1) A Guillestre, les minutiers du notaire Albert présentent entre le 22 juillet et le 15 août 1692, le titre de *notaire royal,* sans interruption : même solution à Risoul pour le notaire Albrand. A Tallard, le notaire Payon ne prend pas le titre de notaire royal pendant l'occupation. A Veynes, l'un des points les plus occidentaux de l'invasion piémontaise, le notaire Bouffier quitte, à partir du 10 septembre 1692 le titre de *notaire royal de Veynes* pour prendre simplement le titre de notaire soussigné. Tous ces minutiers emploient, et sans lacune, le papier timbré de la généralité de Grenoble.

général de Guiscard, devient bailli et est à la tête de
toutes les cours féodales secondaires (1). Non seulement Louis XIV s'empare des cours souveraines, mais
même il en modifie les ressorts : en vertu de textes
français, la cour namuroise ressortira à la cour hennuyère (2). La *noble et souveraine* cour de Mons change
de nom en même temps que son ressort s'étend : elle
prend le nom de cour supérieure. Les secrets trop bien
gardés jusqu'ici de ces changements de souveraineté
se trouvent aux archives de l'État, à Namur, dans les
registres du souverain baillage (3) et dans la corres-

(1) Sur les actes du comte de Guiscard, maréchal des camps et armées du Roy, souverain bailli et lieutenant général de la province et
comté de Namur, commandant des troupes de Sa Majesté dans les
places des pays d'entre Sambre-et-Meuse et d'Outre-Meuse, V. aux
Archives de l'État à Namur, une collection de placards non classés
commençant le 2 novembre 1692. A côté de ce personnage composite
qu'était le comte de Guiscard on trouve à Namur pendant l'occupation de 1692 à 1695 un sieur Merveilhaud qui devient M. de Merveilhaud et même Mgr de Merveilhaud. M. de Merveilhaud n'a pas
dans tous les actes le titre de subdélégué, mais celui de *étant pour le
service du Roy dans le comté de Namur*. Pendant l'occupation de
1746 à 1749 il y eut à Namur un subdélégué, le sieur Foulon (placards non classés de Namur, 21 décembre 1692, *id.* 1746-1747).

(2) Sur la réunion du Conseil provincial de Namur, au ressort de
la Cour de Mons, V. Archives de l'État à Namur. — Conseil provincial, correspondance (février 1690-décembre 1697), pièces non classées,
11 septembre 1692. — Nos amez et féaux, ayant par nos lettres de
déclaration de ce jourdhuy ordonné que les appellations des jugements du Conseil provincial de Namur ressortissant avant la réduc-
tion de cette place aux obéissances du Conseil de Malines, doit à l'a-
venir relever de notre Conseil supérieur de Mons...

(3) Le souverain baillage de Namur est la juridiction féodale du
comté. — V. *citrà*. — Louis XIV maintient toujours le régime féodal
dans les pays qu'il occupe. V. à ce sujet, dans l'article 4 de la capitulation de Gand en 1678 (Placard non classé, à la bibliothèque de
Gand) : la noblesse de Flandre jouira des mêmes privilèges, franchi-

pondance de Louis XIV avec le conseil provincial. Le comté de Namur était un pays d'États : les rapports

ses et immunités que ceux de la Chastellenie de Lille.

Dans une région tout autre la solution est identique. La ville de Nice demande et obtient le maintien du régime féodal dans sa capitulation avec Catinat, le 26 mars 1691. V. archives communales de Nice, série EE, registre 26-13°. Cf. également la série C des archives départementales de la Haute-Savoie, années 1691 et suivantes : les privilèges de la noblesse en matière de taille y sont rappelés à chaque instant par l'intendant Bouchu.

Pourtant, dans les pays conquis sur le Roi d'Espagne, les privilèges de la noblesse ne sont pas toujours aussi expressément reconnus par Louis XIV. La question du maintien des privilèges des membres de la Toison d'Or est une question très débattue pendant les occupations françaises de la guerre de la ligue d'Augsbourg. Pour cette question V. Archives de l'Etat à Mons. Etats de Hainaut, registre 436, cote 71. C'est que la Toison d'Or fait en quelque sorte sortir de la noblesse locale qui devient sujette du Roi et suppose une allégeance perpétuelle vis-à-vis du Roi d'Espagne. V. également, sur cette question, mais à un point de vue différent, États de Hainaut, délibération du 27 octobre 1696. Registre 439, cote 18.

Les fonctions héraldiques dans le pays conquis sont maintenues par Louis XIV qui en nomme les titulaires. V. la requête adressée le 1er septembre 1692 à Mgr l'intendant Voysin, par le sieur Bachelier de Beaulieu, qui demande à être nommé *Roy d'armes* des provinces de Namur et Mons. Archives de l'État à Namur, pièces non classées de la correspondance du Conseil provincial (févr. 1690-déc. 1697).

Pour l'appellation d'*amez et féaux* donnée par Louis XIV et Louis XV aux habitants du pays conquis, elle se trouve dans toutes les lettres patentes adressées aux États provinciaux et aux cours souveraines. Relativement aux privilèges de la noblesse des pays occupés, voir également la question complexe de l'impôt sur l'enregistrement des armoiries. Les provinces des Pays-Bas qui, pendant la guerre de la ligue d'Augsbourg, *se sont abonnées de tous édits*, dès le début de l'occupation française refusent de payer le droit afférent à cet enregistrement. Cf. Archives de l'Etat à Mons. État de Hainaut, registre 439, cote 32, une délibération de MM. de la noblesse qui sont d'avis d'écrire à ce sujet à M. de Pontchartrain, pour luy dire que cette demande ne leur a été faite que par méprise. — Cf. également, Bibliothèque publique de Mons. Mémoire de l'Intendant Bernier (M. de Bernières), sur l'État du Hainaut, 1691.

Il n'est pas certain que, pendant les guerres de Louis XIV, l'Intendant ait été juge d'appel des cours féodales des pays conquis. Cela est certain pour les guerres de Louis XV : Cf. à ce sujet, Archives générales du Royaume : Cour féodale de Brabant, registre 528, cote 145.

juridiques entre Louis XIV et les États provinciaux (1)
se trouvent au registre des trois membres : ils n'offrent
pourtant qu'un intérêt secondaire (2).

Les archives de l'État à Mons nous montrent que
Louis XIV mit la main non seulement sur une cour
souveraine , mais sur des juridictions domaniales
comme la Cour des mortes-mains et le baillage des
bois. Il est aussi fort intéressant d'étudier les effets de
l'occupation sur le droit des alleutiers, très nombreux
dans le Hainaut (3).

Mais ce qui démontre à Namur et dans le Hainaut

(1) Sur le degré d'autonomie dont jouit un pays d'Etats conquis par
Louis XIV pendant la guerre de la ligue d'Augsbourg, et sur la compétence de l'intendant en matière de contentieux financier, cf. aux
Archives de l'Etat à Namur une pièce non classée en date du 28 juillet 1692 : On fait savoir que lundy quatrième du mois d'aoust pro-
chain, par devant M. Voysin intendant et, MM. de l'Estat de Namur,
en la chambre de l'Estat il sera procédé à l'adjudication des droits
appartenant à l'Estat, qui sont : Droits du soixantième sur les mar-
chandises et denrées sortantes de la province de Namur. Trois patars
sur chaque chariot, deux liards sur chaque cheval. — Et s'il survient
quelque contestation pour la perception des droits ci-dessus énoncez
entre l'adjudicataire et le redevable elle sera portée devant Messieurs
de l'Estat, et en cas de délay trop long devant M. l'intendant ou le
subdélégué à l'intendance.

(2) Si le rôle des Etats de Namur se trouva très effacé, au contraire
le rôle des États de Hainaut fut très important pendant cette occupation : cf. aux archives de l'État à Mons le très intéressant registre
aux résolutions, n° 437.

(3) Un texte important sur les conséquences de l'occupation militaire relativement à la situation juridique des francs-alleux se trouve
dans le registre aux résolutions des Etats de Tournai-Tournésis,
vol. 1744-1746 (Archives de l'Etat à Mons, les folios de ce registre ne
sont malheureusement pas numérotés). Ce registre contient une requête
adressée par le prince de Ligne à Louis XV, lui demandant de réta-
blir, à la suite de ses victoires, les privilèges de l'allodialité, que
Marie-Thérèse (dans le texte, la *Cour de Bruxelles*) avait attaqués
dans le Tournésis et le Hainaut-adjoint.

le changement de souveraineté beaucoup plus que les
rapports avec les cours, c'est l'invasion des lois françaises, notamment des ordonnances sur la milice (1).
Namur et le Hainaut, pays d'Etats du royaume, sont
astreints à fournir leur contingent de milice ; c'est là,
si on peut dire, le point culminant du changement de
souveraineté (2). L'intendant est, comme dans le reste
du royaume, la juridiction chargée du contentieux de
ce recrutement. Les armes de Guillaume d'Orange,
pour Namur, la paix de Ryswick, pour Mons, vien-
nent mettre fin dans ces deux pays à la souveraineté
du Roi, et lui enlever ses nouveaux sujets (3).

(1) Sur la création de la milice dans les Pays-Bas conquis en 1692,
toutes les archives de l'Etat en Belgique conservent d'assez fortes
liasses non classées de placards imprimés. Il est superflu ici de citer
des références spéciales.

(2) Il n'y a pas que la législation française sur la milice qui envahit
le Hainaut, il y a aussi la pléthore de confection d'offices vénaux telle
qu'elle fonctionnait à la fin du règne de Louis XIV. V. Archives
de l'Etat à Mons, Etats de Hainaut, registre 437, cote 160, Edit du
Roy : Erigeons au titre d'office fermes et héréditaires les charges de
trésoriers, receveurs, argentiers, celles de secrétaires et greffiers et
de procureurs sindics des païs par nous conquis (ou qui nous ont été
cédez) aux Païs-Bas, même des villes Etats de Mans et de Namur,
villes et chastellenies des païs par nous conquis, etc. Cette création
d'offices amena un conflit de droit international très intéressant.
D'après les théories des représentants de la ville de Mons, une cession
serait nécessaire pour justifier les créations d'offices. Voyez à la cote
168, le pensionnaire de Mons arrive à Versailles chez M. de Pontchartrain,et luy représente que cet Estat n'étoit point cédé,mais seulement
conquis, la rigueur inouïe qu'il y avait à dépouiller les Estats,les villes
et autres communautez et les particuliers de leur droit de collation
qu'aucuns avoient propriétairement. — Cf. aussi, même registre, cote
144, la tentative des Etats près de l'intendant Voysin pour se racheter
de l'édit consacré aux créations de charges de jurés brasseurs tant
pour la ville de Mons que pour le plat pays. — Idem, Cour souveraine
de Hainaut, n° 744.

(3) Pour la manière extérieure dont les officiers du comté de Hai-

Partout la guerre de la ligue d'Augsbourg agit de même, du côté français : elle déplace la souveraineté au profit du Roi dans les villes et dans le plat pays envahis (1) : les précarités sont rares : les cas ne s'en

naut se reconnurent dans cette guerre sujets de Louis XIV, V. la formule très caractéristique du serment des Etats de Hainaut, qui nous paraît la plus topique de toutes les formules de ce genre : « Nous, en présence de Monseigneur le marquis de Boufflers, reconnaissons le Roy très chrétien pour notre véritable et souverain seigneur ; ainsy le jurons et promettons et jurons devant Dieu et sur les Saints-Evangiles de luy obéir et servir en toutes choses comme des véritables sujets. » — Archives de l'Etat à Mons — Etats de Hainaut, registre 437, cote 7.

Le fait de s'être reconnu sujet du Roi implique le droit immédiat à être protégé par ses officiers à l'étranger. V. à ce sujet aux archives communales de Nice, le mémoire présenté au Roy, le 26 may 1691, de la part des consuls de la ville de Nice. Lire surtout l'article 5 de ce mémoire : La dite ville supplie encore Sa Majesté d'ordonner que dans tous les lieux de Levant où il y a des consuls français, les citoyens de la ville de Nice jouissent des mêmes privilèges, franchises et exemptions dont jouissent les autres sujets de S. M. — En marge de la requête, les mots : Accordé par le Roy. — Ce registre n° 19, f° 223 fera partie de la série BB quand les archives communales de Nice seront classées complètement. Pour les droits et privilèges de naturalité accordés expressément aux habitants du pays occupé, V. l'article 4 de la capitulation de Gand de 1678 : Les bourgeois auront privilège de naturalité (Placard non classé à la bibliothèque de Gand).

(1) En 1695 fut établi dans toute la France l'impôt de la capitation. Ce fut peut-être un malheur pour les contribuables du temps, mais c'est assurément une bonne fortune pour celui qui recherche la trace des déplacements de souveraineté. La capitation a été établie en pleine guerre contre la ligue d'Augsbourg, c'est-à-dire à une époque où les frontières étaient sujettes à des variations journalières par suite des mouvements de troupes. La capitation nous permet de nous rendre compte des pays qui en 1695 obéissaient à la souveraineté de Louis XIV, ce que nous ne saurions pas sans cela. Son caractère universel était voulu par Louis XIV : son intention était de faire de la capitation un impôt récognitif de souveraineté dans les pays occupés et non cédés par traités. Les résistances de l'intendant Voysin à convertir la capitation en un abonnement en Hainaut le montrent bien. La capitation nous montre faisant partie de la magistrature française le personnel de trois cours souveraines occupées, les Sénats de Nice et de Chambéry et la Cour de Mons. V. à ce sujet aux archives de

présentent qu'à propos des occupations de principautés ecclésiastiques dans les régions rhénanes. Louis XIV est leur allié et leur protecteur : l'occupation ne déplace pas la souveraineté.

Les précarités sont au contraire le droit commun pour la guerre de succession d'Espagne et empêchent le déplacement de souveraineté de suivre l'invasion. Les armées du Roi occupent le Milanais, les Pays-Bas et l'Espagne pour le compte de Philippe V ; juridiquement, dans tous ces Etats, les prises de villes ne sont que des incidents de guerre civile entre Philippe V et l'archiduc Charles. La théorie des déplacements de souveraineté ne trouve sa place que dans les cas suivants : lorsque les coalisés, après avoir occupé tous les Pays-Bas espagnols, commencent à attaquer le deuxième secteur de la frontière de Vauban. Les places de la frontière de Vauban depuis Tournai jusqu'à Lille et Douai passent sous la souveraineté des coalisés : mais une coalition est toujours impuissante à

l'Etat à Mons dans le registre aux Etats n° 437 la cote 314 : M. M... nous n'avons pu nous présenter à M. Le Pelletier (contrôleur général) qu'à midi : il nous a dit : *Prétendez-vous vous exempter de la capitation qui est étendue à tout le royaume et à laquelle le peuple se soumet volontiers ?* — Les Etats de Mons terminent en disant qu'ils seront obligés de payer la capitation si le ministre (M. Le Pelletier) *ne chante pas une meilleure chanson.* — La théorie de Louis XIV est encore plus visible à la cote 323 du même registre 437 : *Sa Majesté souhaitait que la capitation eût lieu dans tout le royaume, afin de garder l'uniformité.* Pour l'établissement de la capitation à Nice, cf. Archives des Alpes Maritimes B — 12 f° 68. — On fait mention dans ce document que la déclaration du Roi sur la capitation a été enregistrée à la Chambre des comptes.

exercer une souveraineté territoriale quelconque : aussi les alliés en délèguent-ils l'exercice à une des puissances coalisées, les Etats généraux des Provinces-Unies. Ceux-ci exercent leur domination de par mandat de leurs co-alliés, sur la frontière de Vauban conquise. Cette domination porte un nom officiel, celui de *souveraineté et régie* (1). Le général Fagel en est l'auteur et l'on peut suivre, au début de la 3e série des ordonnances des Pays-Bas autrichiens, l'exposé de cette théorie fait par l'autorité militaire hollandaise au marquis de Prié, ministre de Charles VI. Un des documents d'archives où l'on peut le mieux suivre le fonctionnement de la *souveraineté et régie* est le registre des Etats de Tournai-Tournésis (1709-1712) (2).

(1) Après la prise de Tournai le parlement français ayant émigré d'abord à Cambrai, puis à Douai, les seigneurs Etats généraux établirent à Tournai, pour leur souveraineté et régie des pays conquis, une chambre d'appellation pour Tournai, Lille, Orchies et autres pays occupés. Archives communales de Tournai (dépôt de l'Etat déclassé), registre des consaux, n° 233, cote 509. Je n'ai pas trouvé aux archives de l'Etat à Mons, où sont déposées les archives des juridictions de Tournai, de traces de cette juridiction hollandaise. — A propos de la souveraineté et régie des Etats généraux à Tournai, on trouve au registre des consaux ci-dessus cité des théories très curieuses sur le droit de régale résultant de l'occupation militaire. La régale appartient aux Hollandais, qui s'y réservent le droit de nommer leur sujets aux bénéfices vacants pourvu qu'ils soient catholiques. Le pape Clément XI protesta contre cette conséquence de la souveraineté et régie. — Dans le même ordre d'idées, sur l'influence de l'occupation militaire sur le droit de régale, cf. aux archives non classées du sénat de Savoie, une lettre de Chamillart en date du 4 septembre 1706, relativement à la régale de l'archevêché de Tarantaise occupé par les troupes du Roi ; — Ce n'est pas la première fois que S. M. a disposé des fruits de bénéfices situés dans les pays conquis, etc. — Pour la collation des bénéfices dans les pays conquis, V. *infrà*, l'occupation des Pays-Bas par Louis XV après Fontenoy, p. 70, note 1.

(2) Ce registre se trouve aux archives de l'État à Mons, depuis le

Les autres pays où s'exercent des déplacements de souveraineté pendant la guerre de succession d'Espagne se trouvent sur la frontière des Alpes. En 1704 les armées du Roi envahissent la Savoie ; en 1705, elles envahissent le Comté de Nice : l'assimilation de ces deux provinces et la subalternisation de leurs cours souveraines s'opère à ce moment comme en 1691, avec quelques facilités de constatation de plus : l'usage du papier timbré notamment dans le duché de Savoie. A Nice, l'assimilation semble plus complète encore que pendant la guerre contre la ligue d'Augsbourg; l'italien était demeuré langue officielle en 1691 ; le français paraît avoir pris ce caractère pendant l'occupation de 1705, bien que sa domination n'ait pas été exclusive (1). Les archives du Sénat de Savoie, le registre B-12 aux archives des Alpes-Maritimes sont, pour 1705 et les années suivantes comme pour l'année 1691, les sources de l'histoire de cette conquête.

La guerre de succession d'Espagne offre un exem-

déclassement du dépôt de Tournai. Malheureusement les folios n'en sont pas numérotés. Sur Tournai et le Tournésis, voyez également, mais seulement pour l'occupation de 1745-1748, Archives nationales, H¹ 680-683.

(1) Il s'en faut que le texte de Villers-Cotterets sur la langue officielle ait été complètement importé à Nice. Les amés et féaux du Roi à son Sénat de Nice doivent se servir de trois langues : — les lettres patentes et les exposés de motifs sont en français, le texte de la sentence est en italien : le procureur général du Roi fait ses réquisitoires en latin. Heureusement que Don Philippe, dans l'occupation de Nice en 1745 n'a pas eu l'idée d'y introduire l'espagnol. Quant au patois local, il ne figure dans aucun acte. Voyez *infrà*, ce que nous disons de la langue officielle dans les conquêtes de l'ancien droit, page 75, note 2.

ple très intéressant du caractère presque négatif du
changement de souveraineté dans l'invasion austro-
piémontaise de 1707, c'est-à-dire dans la marche des
alliés sur Toulon. Les Austro-Piémontais, après avoir
passé le Var inférieur, mirent la main sur deux sièges
de sénéchaussées, ressortissant toutes deux au parlement d'Aix, la sénéchaussée de Grasse et celle de Draguignan, et sur un nombre considérable de vigueries.
La sénéchaussée de Grasse et celle de Draguignan
passèrent-elles en 1707 sous la souveraineté du duc
de Savoie ? La tradition locale est négative, mais je ne
me contente pas de documents de ce genre : ce qu'il y a
de certain, c'est que, dans le chaos que forment, aux
archives des Alpes-Maritimes, les liasses de la sénéchaussée de Grasse, il est impossible de trouver une
trace sérieuse. Pour la sénéchaussée de Draguignan,
dont les liasses se trouvent aux archives du Var, elle
ne porte aucune trace de changement de souveraineté.

On pourrait trouver des résultats dans la rédaction
des registres du *controlle*, très bien conservés en général aux archives du Var ; par malheur les registres
de 1707 sont égarés. La série BB aux archives communales de Vence porte la trace de l'occupation austro-
savoyarde dont l'historicité est incontestable ; mais
elles ne fournissent aucun indice de changement de sou-
veraineté(1). La désignation du duc de Savoie par l'ap-

(1) Aux archives communales de Grasse, la série BB, registre 21,
f° 82 et suivants, nous montre un rudiment d'administration établi par

pellation absolue de *Son Altesse Roïalle*, sans ajouter son titre de duc (1) pourrait à la rigueur passer pour une présomption de changement de souveraincté, mais c'est là un indice misérable à côté des documents si verbeux et si incontestables que nous ont laissés les conquêtes dans les Pays-Bas. Dans quelques minutiers de Vence et de Grasse, l'omission du mot *notaire royal* se remarque pendant l'occupation piémontaise (2) ; mais les minutiers de St-Jeannet, que j'ai également dépouillés, ne portent pas trace de cette omission. A Fréjus seulement de légers indices de changement de souveraineté se manifestent dans la série BB de cette ville (3), et encore tout se borne-t-il à une convocation municipale d'un caractère équivoque et au fameux *Te Deum* où M. de Fleury, plus tard premier ministre, aurait fait bénéficier le duc de Savoie des honneurs d'un protocole exagéré. Et encore l'historicité de ces manœuvres de Fleury est-elle parfaitement contestable.

Pendant la même guerre de succession d'Espagne, en arrière de la frontière de Vauban, les Hautes Puissances s'emparèrent de l'Artois réservé et en déléguè-

M. de Fontana, intendant-général du duc de Savoie. Le lieutenant général de police et le premier maire restent en fonctions pendant toute la durée de l'occupation piémontaise.

(1) Sur l'emploi des mots S. A. R. d'une façon absolue, voyez aux archives communales de Brignoles le registre BB-50, f⁰ 100.

(2) A Vence, le minutier Ferron ne comporte aucune omission des mots *notaire royal*.

(3) Archives communales de Fréjus, BB-24, f⁰ 459.

rent, selon leur jurisprudence, la souveraineté et régie aux Provinces Unies. L'Artois réservé n'était pas une personne morale, mais l'Artois *in globo* étant un pays d'États, il est intéressant de constater, aux archives de Béthune, des documents de provenance ecclésiastique en majorité, nous montrant dans ce pays le changement de souveraineté. L'*Artois réservé* devient un pays d'Etats, administré par la Hollande de la même manière, *mutatis mutandis*, qu'elle administrait le pays de la généralité de Bois-le-Duc.

A partir de 1708 et de la capitulation de Boufflers dans Lille, la souveraineté et régie des Pays-Bas étend son domaine que viendra seulement restreindre la victoire de Villars à Denain. Mais, dans les localités que la paix d'Utrecht ne restitue pas à la France, comme Tournai ou le fort de la Knocque, elle tend à se perpétuer plusieurs années jusqu'à ce que l'Empereur Charles VI obtienne la remise des places de la Flandre rétrocédée, sauf le droit de barrière des Hollandais (1).

<hr>

(1) Le registre aux résolutions de 1709-1712 des Etats de Tournai-Tournésis (archives de l'Etat à Mons) nous montre, à propos de la contribution, des théories qui paraissent assez singulières à nos esprits modernes. En 1709, Tournai, alors ville française, est assiégée par les Hollandais. Tant que Tournai est au Roi, les Hollandais la font contribuer, et cela est légal et légitime, *le roi le trouve bon*. Tournai capitule et passe sous la *souveraineté et régie* des seigneurs Etats généraux. C'est alors au Roi de faire contribuer Tournai : l'intendant, M. de Bernières, s'en charge, et les Etats généraux, seigneurs de Tournai, s'y soumettent parfaitement. Cependant, les Français sont restés près de Tournai, et campent aux boues de St-Amand ; St-Amand étant sous la *puissance du Roi*, ce sont les Hollandais qui

IV

Le règne de Louis XV présente des exemples de déplacement immédiat de souveraineté, peut-être moins nombreux, mais plus topiques encore, s'il est possible. La régence du duc d'Orléans nous montre, dans sa guerre contre Philippe V en 1719, l'exemple d'un changement de souveraineté à Saint-Sébastien, et d'un autre dans la vallée d'Aran.

La guerre dite de succession de Pologne ne nous fait voir que des changements de souveraineté très limités sur les petites places du Rhin. Le théâtre habituel des déplacements, les Pays-Bas, faisant l'objet d'un traité de neutralité locale dans la guerre entre la France et l'Empereur, ils ne sont pas attaqués.

Nous voici maintenant à la guerre de la Pragmatique, ou première guerre de Sept Ans. A propos de la théorie des déplacements de souveraineté, elle pré-

le font contribuer, et l'intendant français donne pour cette contribution toutes les facilités. Arrive un ordre de Villars, prescrivant un mouvement de concentration en arrière : les Français évacuent St-Amand que les Etats généraux placent aussitôt sous leur souveraineté et régie. C'est alors au tour de l'intendant français de faire contribuer St-Amand. — Si, pendant la guerre de la ligue d'Augsbourg, le paiement de la contribution constitue une présomption de souveraineté indivise, pendant la seconde période de la guerre de succession d'Espagne, il paraît constituer au contraire une présomption de non souveraineté.

Pour la théorie de la contribution, cf. aux archives de la Marne, série C, le portefeuille 1258. Il contient toute une série de traités de contributions de 1707, émanés notamment de Barberie de St-Contest, intendant de Metz.

sente deux périodes bien distinctes, au point de vue français, car je laisse provisoirement de côté la théorie du déplacement de souveraineté en Silésie, après Molwitz. De 1741 à 1744, Louis XV n'occupe l'Allemagne occidentale et la Bohême que pour soutenir les prétentions de Charles-Albert de Wittelsbach : d'où, précarité dans l'occupation de Linz par Ségur, dans celle de Prague par Belle-Isle. En 1743 la campagne des *canards du Mein* ne donne lieu à aucun déplacement de souveraineté dans l'Allemagne occidentale. A partir de 1744, tout change : cette période de la guerre, pendant l'année qui précède immédiatement Fontenoy et pendant celle qui suit est l'époque pendant laquelle il est le plus facile et le plus aisé d'étudier le déplacement de souveraineté : la Belgique est annexée à la France, ville par ville, châtellenie, par châtellenie, cour souveraine par cour souveraine, au fur et à mesure des victoires de Maurice de Saxe (1). On peut suivre pas à pas cette assimilation dans la partie déjà publiée des *Ordonnances des Pays-Bas autrichiens* : mais ce recueil est incomplet, le choix des pièces citées est arbitraire, et un historien sérieux ne peut s'en contenter. Nous avons essayé, dans un travail purement privé, de combler les

(1) A partir de 1746, Louis XV, souverain des Pays-Bas, y prend le titre de *Sacrée Majesté*, réservé jusque là à l'Empereur. Cf. Archives générales du Royaume, correspondance du Conseil de Brabant A. 179. Il est si bien souverain du pays occupé que les frontières des traités prennent le nom d'*anciennes frontières* dans une lettre de Louis XV en date du 4 octobre 1746.

nombreuses lacunes laissées par la commission royale de Belgique. Les archives générales du royaume à Bruxelles, nous donnent l'histoire des juridictions centrales, représentant le souverain ; voici ce qu'elles devinrent : le grand conseil de Malines rétrograda pas à pas vers l'Est, d'abord à Namur, puis dans le Luxembourg (1). Kaunitz-Rittberg, pour s'assurer qu'il ne passait pas sous la souveraineté de Louis XV et pour être bien certain de sa présence là où il l'avait envoyé, usait du procédé très moderne des lettres recommandées à la poste : j'en ai vu les reçus postaux aux Archives générales. Le conseil privé, encore plus gouvernemental que le grand conseil de Malines, émigra à Aix-la-Chapelle et n'en revint qu'en 1749. C'est dire que leurs registres ne contiennent aucun document émanant de Louis XV.

Bien différente est la situation des cours souveraines du Brabant : elles deviennent immédiatement des juridictions françaises. Ces cours souveraines sont le Conseil de Brabant et la Cour féodale. Leurs registres manuscrits nous montrent le Conseil devenu un véritable parlement français, et que Louis XV usa de tous les droits afférents à la justice retenue (2). Quant à la Cour féodale, il n'y avait pas, au XVIIIe siècle, dans

----

(1) Archives générales du Royaume. Grand conseil de Malines, registre 103.

(2) Louis XV usa du droit régalien d'accorder des lettres de répit dans le Brabant conquis. Cf. Archives générales du Royaume. Conseil de Brabant, registre 180, cote 189.

l'intérieur du royaume, de juridiction absolument symétrique (1). Elle ne perdit pas de sa vigueur, loin de là, elle retrouva sous Louis XV une vie qu'elle n'avait plus sous Marie-Thérèse ; elle s'acharna à définir le domaine du Roi Très Chrétien dans le Brabant et à rechercher toutes ses mouvances (2). Les Etats de Brabant (3) fonctionnèrent aussi, sous la juridiction royale, et si les conquêtes du maréchal de Saxe avaient continué, la France en majorité pays d'élection en 1745 eût vu la prédominance numérique passer aux pays d'Etats. Il fallait un commissaire près les Etats : ce fut l'intendant. La conquête des Pays-Bas amena leur division entre deux généralités qui s'étendirent : celle de Lille qui s'agrandit du Comté de Flandre et du Brabant ; celle de Valenciennes qui s'étendit dans le Hainaut et dans le Namurois. Bruxelles devint le siège

(1) V. Archives générales du Royaume. Conseil de Brabant, registre 180, cote 171. Là se trouve exposée la théorie relative aux effets de l'occupation militaire sur la purge civile des charges réelles des fiefs devant la Cour féodale. Cette question est soulevée par le prince de Gàvre. Louis XV accorde les lettres royaux de purge demandés. — Dans un autre ordre d'idées, le 6 février 1748, à Bruxelles, le sieur Godin présente un placet au Roy pour demander des lettres de répit de l'homicide.

(2) V. les aveux et dénombrements de la Cour féodale de Brabant : liasses nos 7872, 7873, 7874 et registre 528 (archives générales du royaume). — Voir au registre 528, cote 132 de la Cour féodale, la lettre par laquelle l'intendant Moreau de Séchelles déclare que le Roi veut avoir connaissance des fiefs du Brabant qui sont sujets aux reliefs. V. *id.*, cote 214, les théories de Jacques Vansonneven, pourvu de l'office de *lœuvander* ou rechercheur de fiefs échus au profit du Roi Très Chrétien comme duc de Brabant.

(3) Archives générales du Royaume. Registre aux Etats de Brabant, 353.

d'une subdélégation générale (1). C'est ainsi que vécut le Brabant depuis 1746 jusqu'à la fin de 1748.

Le Comté de Flandre avait passé un an plus tôt sous la souveraineté du Roi : Bruges, Ostende, Nieuport et Gand occupés, il ne restait plus rien à l'Autriche dans ces quartiers. Le Roi mit à Gand la main sur une Cour souveraine, le Conseil de Flandre : mais il ne la conser-

(1) Sur les titres pris par le subdélégué général, voir certains textes de provenance indigène lui donnant le titre de : *M. de Massart, intendant de Sa Majesté Très-Sacrée notre Roy.* — Cf. Archives générales du Royaume. Cour féodale de Brabant, registre 528, cote 145. Le subdélégué général Massart eut du reste un ressort aussi vaste que celui de l'intendance de Moreau de Séchelles. La division des pays occupés militairement en intendances est facile à reconstituer : leur subdivision en subdélégations l'est en général beaucoup moins. Etant donné, que dans l'intérieur même du royaume, et dans des pays de souveraineté normale, la liste des subdélégués est parfois presque impossible à reconstituer, on doit penser ce qu'il en doit être pour les pays de souveraineté anormale comme les pays de conquête. Le subordonné de l'intendant porte souvent le nom d'*ordonnateur général* : ainsi fut Couppy pendant l'occupation de la Savoie en 1691. Sa signature se trouve partout dans les séries C des deux départements de la Savoie. Souvent, l'administration emploie un commissaire dont le titre est excessivement vague : M. de X... *qui est pour le service du Roy* dans le pays de......... Les archives départementales des Basses-Alpes, fonds du greffe ducal de Barcelonnette (B. 233, cote 397), nous montrent l'établissement d'une subdélégation établie dans la vallée de Barcelonnette occupée (elle ne fut cédée qu'au traité d'Utrecht) ou plutôt Barcelonne (*sic*) fut réunie à la subdélégation de Seyne dont le titulaire était Antoine Honorat, conseiller du Roy, juge royal de la ville de Seyne, subdélégué de Monseigneur l'Intendant. D'autres documents du greffe ducal de Barcelonnette nous laissent entrevoir parfois l'existence du *correspondant de la subdélégation*, ce fonctionnaire inférieur et quelque peu mythique, dont on ne trouve guère de trace que dans le traité de Guyot et Merlin.

Les archives de l'Isère (série C, fo 180) dans le registre des jugements de l'intendant Bouchu et à propos d'une contravention à la ferme des tabacs, nous dévoilent l'existence d'un subdélégué à Chambéry, le sieur Branier, qui est en même temps lieutenant particulier au baillage de St-Marcellin.

va pas comme telle,et considérant sa dépendance antérieure vis-à-vis du grand Conseil de Malines, il en fit
une juridiction ressortissant au parlement de Douai(1).
Dans la conquête de 1745, le ressort des juridictions
est donc changé. La chambre légale fit de Louis XV un
nouveau souverain féodal, et les membres de Flandre
augmentèrent encore le nombre des pays d'Etats dont
se composait le royaume. Toute l'histoire de cette
conquête se trouve aux archives de l'Etat, à Gand (2).

On pourrait croire que les archives de l'Etat, à
Bruges,sont sans intérêt relativement à ce déplacement
de souveraineté, Bruges n'étant en effet alors le siège
d'aucune cour souveraine. On se tromperait complètement : le déplacement de souveraineté s'opéra d'une
manière complète sur le Franc de Bruges, juridiction
ressortissant normalement au conseil de Flandre et
qui administrait tout le plat pays autour de Bruges. Les
comptes du Franc de Bruges m'ont prouvé que la centralisation française du XVIIIe siècle était aussi serrée
dans le pays conquis que dans le reste du royaume.

(1) Louis XV fit du conseil de Flandre une juridiction particulière-
ment curieuse : le conseil de Flandre réuni à l'intendant forma un
Conseil des prises pour juger définitivement et en dernier ressort toutes les prises faites en mer par les sujets de la reine de Hongrie, depuis
le commencement de la guerre. Archives de l'Etat à Gand, Conseil de
Flandre, 1746.

(2) Sur les droits domaniaux exercés par Louis XV dans la Flandre
occupée en 1746, voir la question des Polders Philippine et Isabelle
(Archives de l'Etat à Gand, mémoire sur les polders du Roi Très
Chrétien. Etats de Flandre 864, f° 22). Pour la spécialité des affecta-
tions domaniales en Flandre sous le régime français, V. Etats de Flandre, registre 865.

L'intendant fait apurer les comptes du Franc, comme ceux de toutes les châtellenies (1) : même il change les commissaires chargés de cette opération, remplaçant le grand Conseil de Malines par un membre du Conseil de Flandre. Le gouvernement autrichien, après la restauration de 1749 a même fait interpoler ces documents, pour essayer d'en falsifier l'historicité (2).

Le dépôt de l'Etat à Bruges contient encore les registres de la châtellenie d'Ypres au XVIIIᵉ siècle : ces registres nous révèlent même l'exposé des plus curieuses questions de droit international (3). En 1744,

(1) Archives de l'Etat à Bruges : département de la West-Flandre : registre aux résolutions — année 1715 cote 167.— M.Massart, subdélégué général se rendra demain ici pour arrêter le compte de la châtellenie comme commissaire du Roy (La West-Flandre est la Flandre cédée par la France au traité d'Utrecht — il est à peine besoin de dire qu'elle n'a aucun rapport avec la province de Flandre occidentale).— Sur la centralisation française aux Pays-Bas occupés : voyez la circulaire de l'intendant Pineau de Lucé, en date du 10 décembre 1746, adressée aux communautés d'habitants du comté de Namur ; Les communautez portent leurs contestations par raison des corvées, impositions et sur l'administration des biens communaux, devant les juges ordinaires : Attendu que toutes ces matières ne doivent être portées que devant nous, Nous, intendant susdit, faisons défence à toutes les communautez de plaider par raison desdits objets ailleurs que par devant nous, et au Conseil de Namur et à tous juges d'en connaître à peine de nullité des procédures. Archives de l'Etat à Namur, placards non classés.

(2) V. Archives de l'Etat à Bruges, compte du Franc, registre des années 1749, 1750.

(3) Archives de l'Etat à Bruges, châtellenie d'Ypres, à sa date, 1748. Les références belges ne peuvent pas être toujours citées à la manière des références françaises, à cause de l'absence de la division par séries dans les dépôts belges. La manière la plus pratique de citer une référence est souvent d'indiquer la nature du registre et l'année. Quant aux folios, on l'a déjà vu, ils ne sont pas toujours numérotés. Pour la référence de ces textes, elle est spécialement difficile : le fonds de la châtellenie d'Ypres n'est pas encore classé définitivement au dépôt

la ville et châtellenie d'Ypres étaient tombées au pouvoir du roi : ville française depuis 1678 jusqu'au traité d'Utrecht, Ypres réclama du roi et obtint dans sa capitulation que toutes choses seraient remises sur le pied où elles étaient en 1713, *pendant l'heureuse domination du feu Roy* (1). Il s'ensuit que la ville prétend s'enrichir de nouveau, par sa capitulation de 1744, de tout ce dont elle a été dépouillée depuis 1713, sous le régime de la Barrière : c'est un instrument de capitulation absolument unique ; partout la ville conquise demande le maintien du *statu quo* : ici elle prétend rendre sa condition meilleure que celle qu'elle avait sous la domination autrichienne. Ypres, avant 1713, avait été le chef-lieu du département de la Flandre Maritime : c'était là qu'avaient résidé les intendants français pendant trente-cinq ans. Dans sa capitulation

de l'Etat à Bruges : on a donné provisoirement au registre auquel je fais allusion le n° 5103. V. également pour la capitulation de Bruges *Resolutic bouck van burghmeesters*, n° 49.

(1) Archives de l'Etat à Bruges. — Cahier contenant les très humbles remontrances faites au Roy par les magistrats de la salle et châtellenie d'Ypres (26 juin 1744) — que la sale et chastellenie d'Ypres y compris Roulers sera maintenue dans ses droits et prérogatives comme du temps de la domination de S. M. avant la rétrocession en l'an 1713. Les officiers de la chastellenie d'Ypres rapporteront leurs titres devant le sieur Intendant. Que la dime royale dont les échevins ont été chargés sur leurs émoluments cessera comme une surcharge inconnue au doux et bénin gouvernement de S. M. — Que la sale et chastellenie d'Ypres sera agrégée et fera partie du département sur le pied avant la rétrocession. — Que la sale et chastellenie d'Ypres ne paiera que les aydes et subsides de S. M. qu'elle a payé du temps de sa précédente heureuse domination. — Réponse du Roy : Les choses seront remises sur le pied qu'elles avaient avant 1713 pendant la domination du feu Roy. — Cette pièce, relative à la capitulation de la châtellenie est bien distincte de la capitulation de la ville d'Ypres.

de 1744, Ypres stipule qu'elle redeviendra la capitale
de la Flandre du côté de la mer ; mais le vieux département de la Flandre maritime essaie en vain de se
reconstituer ; malgré la parole du roi et le rétablisse-
ment officiel du *statu quo* antérieur à 1713, les chefs-
collèges de Cassel, Bourgbourg, Dunkerque,Bailleul,
résistent, et la châtellenie d'Ypres a la douleur de
ne pas voir les châtellenies voisines se rendre à son
invitation. Ceci n'était en rien une affaire de sentiment
et il ne s'agissait pas là d'un patriotisme français ou-
tré, comme la châtellenie essayait de le faire croire :
il s'agissait simplement de partager le fardeau de la
contribution avec les autres châtellenies restées françaises (1): l'affaire était de la compétence de l'intendant
Moreau de Séchelles : il s'en saisit. Les chefs-collèges
restés français en 1713 envoyèrent au juge une véritable consultation de droit international, soutenant que
la souveraineté sur Ypres n'était pas déplacée par la
capitulation de cette ville, et qu'elle ne le pourrait être
qu'à la suite d'un traité de cession. Une misérable affaire de liquidation de contributions nous montre ainsi
que les idées avaient bien évolué depuis le XVII° siècle : jamais procès plus solennel ne fut soumis à la
juridiction d'un intendant. M. de Séchelles, n'étant pas
obligé de motiver sa sentence, condamna la châtellenie

(1) Le mot *contribution* est pris dans le registre de la châtellenie
d'Ypres *lato sensu*, il n'a pas le sens strict qu'il présente dans les
registres de Tournai-Tournésis et du reste pour une époque un peu
différente.

d'Ypres (1). Malgré le texte de la capitulation et la parole de Louis XV, c'est là le premier monument judiciaire établissant que le déplacement de souveraineté ne peut résulter que d'un traité. Les archives de Bruges nous apprennent qu'Ypres, persistant à soutenir la théorie inverse, voulut en appeler, mais la paix d'Aix-la-Chapelle, arrivant sur ces entrefaites, trancha le litige en anéantissant sur les Pays-Bas la souveraineté éphémère de Louis XV.

Avant cette paix aussi honteuse qu'absurde, les provinces des Pays-Bas catholiques paraissaient donc complètement réunies à la France, et ce que nous avons dit de l'intendance de Moreau de Séchelles, c'est-à-dire des Flandres et du Brabant, l'est aussi pour l'intendance de Pineau de Lucé, intendant de Valenciennes, qui administrait les régions hennuyère et namuroise. A Namur, le conseil provincial redevient, comme en 1692, une juridiction française (2) ; mais tout l'état de choses n'est pas rétabli comme à l'époque du siège

(1) Le jugement de l'intendant Moreau de Séchelles est daté de Bruxelles, le 18 septembre 1748. — Archives de l'Etat à Bruges — Châtellenie d'Ypres, n° provisoire 5103.

(2) Louis XV permet à son Conseil provincial de Namur de modifier les conséquences des contrats entre particuliers et de modérer les redevances foncières : Cf. aux archives de l'Etat à Namur, placard non classé du 19 janvier 1747 : Au Roy en son conseil provincial de Namur, remontrent très humblement les députés des Etats du pays que tout est fourragé... en conséquence déclarer que les modérations des redevances foncières non seigneuriales où il n'y a point d'action personnelle, échues ou à échoir pendant la présente guerre se pourront faire ensuite des preuves par les records de justice. Le conseil provincial du Roi à Namur accorde la requête.

chanté par Boileau : en 1692, Louis XIV avait conservé le souverain baillage, juridiction féodale, en le subalternisant. Louis XV ne voit plus la raison d'être de cette juridiction archaïque et s'il ne la détruit pas par principe, au moins il l'envoie en vacances indéfinies. Louis XV, dans le comté de Namur, en 1746, ne remplit donc pas le rôle de souverain féodal, à l'inverse de ce qu'il fait dans le Brabant à la même époque. — S'il ne remplit pas le rôle de souverain féodal, par contre, il remplit complètement celui de chef du gouvernement dans ses rapports avec le clergé. Les archives d'abbayes voisines de Dinant, notamment celles des abbayes de Bonneffe, de Moulins et de St-Remy nous apprennent qu'il nomma des abbés et des abbesses dans le pays occupé. Le régime autrichien restauré respecta même en 1749 ces nominations (1).

---

(1) Déjà en 1692, Louis XIV avait nommé aux abbayes dans le Namurois. Cf. le gouvernement de Jean Durieu de Vivier l'Agneau, nommé prieur par le Roi de France le 1er novembre 1694 (*Monasticon belge*, abbaye de Boneffe, p. 69) ; *id*. celui de Bruno Vallas nommé par Louis XV abbé de Moulins (*Monasticon belge*, abbaye de Moulins, p. 86).

V. aux archives de l'Etat à Namur le dossier non classé de Dom Bruno Vallas, nommé abbé par Louis XV et confirmé par le gouverneur autrichien restauré, la nomination française ayant paru régulière (procès, le 18 août 1749).

Humbeline Collart fut élue abbesse de St-Remy de l'ordre de Citeaux et confirmée par Louis XV. Marie-Thérèse approuva cette élection le 22 décembre 1749 (Conseil privé, carton 1482).

Enfin Pierre Jacquet fut nommé par Louis XV abbé de Boneffe (Conseil privé, carton 1476).

Voyez ce que l'article 24 du traité de Nimègue paraît dire du droit de l'occupant à nommer aux bénéfices. Cf. également Archives des Alpes-Maritimes, registre B-12, cote 121, le 16 décembre 1708, Louis XIV

Fait beaucoup plus important au point de vue doctrinal : Louis XV changea la procédure criminelle dans les cours souveraines, dans les juridictions inférieures et contraignit les seigneurs haut-justiciers à changer la leur. Ce fut d'Aguesseau qui prit l'initiative de ces modifications dans les pays occupés, et les traces s'en trouvent aux archives de l'Etat à Namur, dans les registres de correspondance du grand Conseil, — aux archives générales du royaume, dans les registres du

nomme un chanoine procureur des *alumni*. Pour les actes ecclésiastiques émanés de l'infant Don Philippe pendant l'occupation du comté de Nice en 1744, Cf. Archives des Alpes-Maritimes, B-61. Lettres de don Philippe pour l'enregistrement des lettres de l'archevêque d'Embrun relatives à un différend existant entre le capiscol de St-Réparate et le nouveau secrétaire — même registre. Lettres dudit don Philippe approuvant les lettres de l'évêque de Glandèves qui nomment le prêtre Amissi au vicariat de l'église paroissiale de Nice. B-51. Lettres de don Philippe approuvant les lettres de l'évêque de Glandèves qui nomme le prêtre Boyer de Sauze au prieuré dudit lieu. *Idem*. Lettres de don Philippe approuvant les lettres du vice-légat d'Avignon qui nomme un titulaire du prieuré de Touët de l'Escarène (1745). — L'occupant peut-il faire saisir le temporel des évêques du pays occupé ? en dehors de l'exemple de Louis XV faisant saisir le temporel de l'évêque d'Anvers en 1746 on trouve d'autres exemples moins connus. Cf. B-12 aux Alpes-Maritimes, cote 116. Lettre de Chamillart, du 22 avril 1705, disant que le Roy fait donner mainlevée de la saisie des revenus de l'évêque de Vintimille.— L'occupation militaire introduit-elle dans le pays occupé les libertés de l'Eglise gallicane et le concordat de François Ier ? Cette théorie a été soutenue le 24 septembre 1710 par l'archevêque d'Embrun (Archives des Alpes-Maritimes, B-12, no 152). Elle n'eut du reste pas de succès. Voysin ne l'approuva pas.

La conquête militaire a-t-elle pour effet d'enlever l'enregistrement des bulles de nomination des évêques aux Cours souveraines locales pour le donner à la chambre des comptes de Paris ? V. à ce sujet un conflit entre le Sénat de Savoie et la chambre des comptes de Paris en date du 10 janvier 1708. L'évêque de Belley refuse de faire enregistrer ses bulles au Sénat pour le Petit-Bugey, ci-devant piémontais, relevant de son diocèse, la conquête ayant rendu française cette région (Archives non classées du Sénat de Savoie).

Conseil de Brabant, — aux archives de l'Etat à Gand, dans les registres du Conseil de Flandre (1). Les réformes de d'Aguesseau dans la Belgique conquise sont au nombre de deux principales : une très libérale et très humaine, l'autre qui l'est moins.

Voici pour la première : dans les ressorts divers des Pays-Bas autrichiens, une juridiction inférieure, ayant condamné un homme à mort, avait le droit de le faire exécuter provisoirement, sans que l'appel fût suspensif. Ces exécutions capitales par provision parurent monstrueuses autant que ridicules à d'Aguesseau. Aussi les interdit-il, ainsi que Voyer d'Argenson, dans les ressorts conquis. La cruauté et l'inintelligence de la magistrature des Pays-Bas étaient telles que ce fut, de toutes les réformes françaises, celle contre laquelle elle s'éleva le plus et cette décision valut à d'Aguesseau de la part des parlementaires belges, un feu roulant de remontrances, ce qui prouve que l'assimilation française était bien complète, même du côté de l'opposition (2).

La seconde réforme judiciaire est beaucoup moins heureuse : aux Pays-Bas, le secret de l'instruction préparatoire n'existait pas (3), ou, du moins, l'inculpé

(1) Cf. à leur date, dans ces registres divers. Voyez *citrà*, p. 66, note 3, ce que nous avons dit pour les références belges en général.

(2) On trouve des références à cette réforme dans tous les registres des Cours souveraines des Pays-Bas, années 1746, 1747 et 1748.

(3) Je parle ici en général. Pour toute espèce d'institution de l'ancien droit, il faut bien se garder de préciser d'une façon absolue.

pouvait se faire assister d'un défenseur : c'est là une mesure introduite en France par une loi récente. D'Aguesseau est on ne peut plus choqué de cet échec au principe de la procédure inquisitoriale, aussi fait-il détruire bien vite cette institution qui ne cadre pas avec l'ordonnance de 1670 (1). Je n'ai pourtant dans aucun dépôt d'archives belges, pas plus dans les archives de l'Etat que dans les archives communales, trouvé aucun indice de la mise en vigueur complète du texte même de l'ordonnance de 1670. Et ce que je dis de ce texte, je le dis pour l'ordonnance de 1667 (2) et pour les ordonnances de d'Aguesseau lui-même : ni l'ordonnance sur les donations, ni celle sur les testaments ne paraissent avoir eu d'application dans le pays conquis. Pour l'ordonnance sur les substitutions, sa date s'oppose à ce qu'elle ait pu avoir une application sérieuse.

Le gouvernement conquérant de Louis XV n'eut pas seulement des rapports avec les Etats provinciaux, ou avec les cours souveraines : il eut aussi des rapports immédiats et des points de contact avec les petits manants du plat pays. Je me hâte de dire que

(1) Archives générales du royaume. Conseil de Brabant, registre 180. Lettre de d'Aguesseau à l'intendant de Séchelles à ce sujet. Ce document est loin d'être isolé.

(2) Le rattachement des Pays-Bas conquis au ressort du Parlement de Douai, dans lequel l'ordonnance de 1667 n'était en vigueur que sous le bénéfice de nombreuses dérogations, vient encore compliquer la question. L'unité était loin d'être absolue, dans l'intérieur même du royaume, pour les grandes ordonnances. Ainsi en Franche-Comté, l'ordonnance criminelle de 1670 ne fut pas mise en vigueur, non seu-

cette expression quelque peu dédaigneuse trouve sa place dans les textes (1). Les petits manants du plat pays furent soumis à la milice : ce n'était pas la première fois que la France établissait l'obligation du service militaire dans le pays occupé : j'ai déjà dit, au début de cette introduction, que la première expérience avait été faite en 1692. Cette seconde expérience ne fut du reste pas plus heureuse que la première (2) : les Etats surtout résistèrent partout, et en voyant le ton peu respectueux de leurs réclamations, et la politesse exquise avec laquelle répondent toujours l'intendant

lement par la conquête, mais même par la cession. Sa promulgation en Franche-Comté est postérieure au traité de Nimègue (février 1679), la procédure civile, dans la même province ne fut réglementée que par une ordonnance de mars 1684.

(1) Les rapports avec les petits manants du plat pays sont très développés dans les registres des Etats de Brabant (années 1747 et 1748). Archives générales du royaume.

(2) Sur l'établissement et le recrutement de la milice par Louis XV dans les pays conquis, V. l'Ordonnance du Roy, pour la levée de 4928 hommes de milice dans les pays conquis de Brabant, de Hainaut et comté de Namur, pour mettre les 112 bataillons de milice à 694 hommes chacun. Il sera levé notamment des *grenadiers postiches*, etc. Cette ordonnance, en date du 25 décembre 1746, c'est-à-dire se plaçant comme date entre la bataille de Raucoux et celle de Lawfeld, se trouve reproduite dans tous les dépôts de l'Etat en de nombreux placards non classés. — V. sur ce recrutement les protestations des Etats de Brabant : Le service du Roy en aura peu d'utilité et d'avantage, par l'ignorance de la langue françoise des habitans de ce pays et duché : par quel inconvénient il ne sera pas possible de leur enseigner l'exercice.— La dépense à laquelle se montera la levée de ladite milice sera payée par les dits députés des Etats de Brabant, mais ils pourront exercer leurs recours contre les villes, païs, châtellenies, etc. Il s'en faut de beaucoup que MM. de Brabant s'y prêtassent (à la milice) comme le font les autres Etats de provinces de nouvelle conquête. — Archives générales du Royaume. Etats de Brabant, 353, n° 7.

ou le subdélégué général, on ne peut s'empêcher de penser que les invasions anciennes avaient un caractère de douceur relative et d'urbanité que n'ont plus les guerres contemporaines (1).

Je ne quitterai pas cette période si intéressante de 1744 à 1749 sans mentionner des actes de Louis XV qui, bien que secondaires, montrent bien le déplacement de souveraineté et l'*animus domini* le plus complet. Le Roi fait planter des arbres le long des canaux du pays conquis, précaution qui ne cadre guère avec une occupation éphèmère : il est vrai que celle-ci ne l'eût pas été, sans Madame de Pompadour (2).

(1) La lecture patiente et méticuleuse de beaucoup de registres de Pays d'Etats de l'intérieur du royaume, faite sans parti pris, pourrait aussi modifier beaucoup les idées des survivants de l'école de Nancy.

(2) Le gouvernement de Louis XV essaya-t-il d'introduire la langue française dans les régions thioises des Pays-Bas ? Dans le pays thiois, sous le régime de la souveraineté normale espagnole ou autrichienne, voici quelle est la règle générale résultant de l'examen des sources : La correspondance avec le souverain est en français, les délibérations communales sont en flamand, les délibérations des Etats le sont aussi mais d'une manière moins exclusive. Les édits et en général les actes de l'autorité sont bilingués. Louis XIV en 1678 à Gand, Louis XV en 1746 et dans les années suivantes dans toutes les régions thioises occupées, promulguèrent leurs édits et ordonnances en français et en flamand : *De par le Roy — Bij de conynck*. Les documents flamands émanés de l'autorité française sont très nombreux. Pendant la guerre de la ligue d'Augsbourg, Louis XIV ne conquit que des régions wallonnes. En Savoie et dans la vallée de Barcelonnette, où le français était la langue des actes publics sous le régime piémontais, la question est sans intérêt. A Nice elle est plus complexe. Cf. aux archives communales de Nice EE-61, registre 26 la capitulation du 26 mars 1691. L'article 12 stipule le maintien de l'italien comme langue officielle. A Nice, Louis XIV répond les requêtes en italien : *Ludovico decimo quarto per grazia di Dio Re di Francia et di Navarra, conte di Nizza* Archives des Alpes Maritimes, B-12, f° 66. — Le texte de certaines

Les capitulations, si intéressantes sous le règne de Louis XIV, ne le sont pas moins sous le règne suivant. Parmi les plus intéressantes se trouve la capitulation de Furnes, dans la Flandre rétrocédée (1). La ville de Furnes, en 1744, fait admettre comme condition qu'elle passera définitivement sous la souveraineté du Roi, et qu'elle ne sera pas rendue à la paix. Et à ce propos, dans la période d'occupation des Pays-Bas, je distingue deux concepts assez voisins l'un de l'autre : le premier, c'est que la souveraineté est déplacée sur tous les pays conquis ; le second, c'est qu'elle est déplacée plus spécialement dans la Flandre rétrocédée, c'est-à-dire dans les pays que la France avait perdus au traité d'Utrecht : le fort de la Knocque, Ypres, Furnes et Tournai (2).

La France avait, pendant cette même période, et l'année même où le maréchal de Saxe battait les alliés à Raucoux, subi une invasion en Provence, dans la région qui avait été le théâtre de l'invasion de 1707. La conquête austro-sarde de 1746 offre le même ca-

nominations émanées de Louis XIV est en italien. B-12, f° 121 (nomination du 16 décembre 1708).

(1) Maison des officiers espagnols, à Furnes : *Register der Stade ende Casselnie van Veurne, cote* 126. Ce registre commence en 1586, et a rapporté la capitulation de 1658 et ses travaux préparatoires. — Pour la capitulation de 1744, voir la cote 266. Il est du reste fort difficile de trouver ses références dans les archives communales de Furnes.

(2) Les registres du Conseil souverain de Hainaut, année 1746, font à propos de Tournai allusion à la théorie du *postliminium*, théorie ici fort curieuse, car Tournai avait été cédée au traité d'Utrecht.

ractère énigmatique que celle de 1707 (1). Encore ici les minutiers du tabellionage de Vence et de Grasse (2) n'offrent que quelques prétéritions, peut-être fortuites, des mots de *notaire royal*. A Draguignan, plus heureux que pour la campagne de 1707, nous avons pu retrouver les registres du *controlle* : nous les avons même étudiés dans tous les bureaux qui se trouvent entre le Var et Brignoles : partout, pendant l'occupation par les armées de la reine de Hongrie, le *controlle* des actes a fonctionné : le papier timbré de la généralité d'Aix n'a pas cessé non plus d'être employé (3). Les

---

(1) V. aux archives communales de Vence, au registre BB-23, l'histoire de l'administration du comte de Colloredo, commandant la ville pour la reine de Hongrie. — Les contributions payées par la ville à la reine de Hongrie y sont relatées dans un langage extraordinaire, demi-italien, demi-patois : *Per dichy millia lire di Franchia qualli son stati pagati dalla citta di Vensa questi perle contribuzioni incaricati alla cassa di campagna di Sa Majesta Imperiale et Royalle et pro fede..... etc.*

(2) A Grasse, le minutier du notaire Barbery porte sans interruption les mots de *notaire royal*. A la cote 371 de ce minutier, année 1746, on trouve pourtant un acte où le mot *notaire royal* n'est pas employé, même dans la signature. Le minutier du notaire Delatour garde toujours le titre de notaire royal. — Tous ces actes furent régulièrement *controllés.*

(3) Dans les généralités où le timbre était un timbre humide et où le papier n'était pas timbré à l'avance, les actes timbrés ou non timbrés sont une source beaucoup plus sûre. Avec le XVIIIe siècle arrive une période où le papier est souvent timbré à l'avance, et même un changement de souveraineté peut admettre un certain délai pour l'écoulement des rôles préalablement timbrés. Au XVIIIe siècle, dans la généralité d'Aix, les feuilles de quatre pages sont généralement timbrées sur la première : ces feuilles sont placées les unes dans les autres et cousues pour former les registres, d'où en les parcourant, on voit un assez grand nombre de pages de papier en apparence non timbré succéder aux feuilles timbrées. Ce petit détail n'est puéril qu'en apparence : faute d'y penser on pourrait commettre de très graves erreurs dans ses recherches, et rien n'est à négliger en matière de critique de sources.

archives communales de la ville de Draguignan présentent cependant des documents curieux, ce sont des réclamations des vigueries occupées adressées à l'intendant d'Aix, et qui soutiennent qu'elles ont dû payer la contribution à la reine de Hongrie, parce que cette princesse était devenue, par le fait de la conquête, leur souveraine légitime (1).

Sur les Alpes, en Savoie et à Nice, il y eut aussi, comme dans les guerres précédentes, des occupations militaires, mais cette fois ce fut l'Espagne qui s'en chargea. L'occupation par Don Philippe n'offre pas le caractère si intéressant des occupations françaises dans ces mêmes régions, au temps de Louis XIV. La conquête se borna à une administration surtout fiscale, c'est, en tout cas une de celles qui ont laissé les traces matérielles les plus visibles, surtout dans le duché de Savoie, par la quantité de papier timbré espagnol qui y fut employée dans les actes (2).

La guerre de la Pragmatique nous a montré la théorie du déplacement de souveraineté dans son plus complet développement. Je ne veux pas dire qu'ensuite

(1) Archives communales de Draguignan, EE-17, p. 11. Cette théorie, une des rares théories intéressantes que nous donne la série EE communale, est signée par les sieurs Isnard, Esclapon, Gérang, députés de la viguerie. La conquête autrichienne ne paraît guère avoir troublé l'administration communale de Draguignan : le procureur du Roi y resta ; il donna même des conclusions le 1er janvier 1747. Cf. Archives communales de Draguignan, BB-42, p. 113.

(2) Sur l'occupation du comté de Nice par Don Philippe : *archives des Alpes-Maritimes*, B-51, B-61, B-68. Occupation intéressante au point de vue ecclésiastique : Don Philippe y accorda de nombreux exequaturs cléricaux,

la conception de la conquête changea complètement, mais les circonstances ne lui permirent pas de s'exercer de la même manière.

La deuxième guerre de Sept Ans est beaucoup moins intéressante que la première : le renversement des alliances résultant du traité de 1756 empêcha toute conquête dans les Pays-Bas. En Allemagne, l'armée de Soubise opéra pour le compte des Cercles, c'est-à-dire que ses conquêtes furent faites au profit de la souveraineté impériale, souveraineté très théorique depuis Münster, mais mettant obstacle à l'établissement de la souveraineté française en Thuringe ou en Saxe. Du côté du Hanovre, surtout depuis Closter-Severn et la campagne de 1758, le caractère de déplacement de souveraineté fut plus visible : il le fut également en Westphalie : il le fut même à Francfort, où fut établi un lieutenant de Roi, qui n'était pas exclusivement un fonctionnaire militaire.

Dans d'autres parties de l'Europe, le déplacement de souveraineté s'exerce également : il s'exerce sur Minorque, qui fut sous le régime français depuis l'escalade de Port-Mahon en 1756 jusqu'au traité de 1763. Un déplacement de souveraineté eut lieu également sur Belle-Isle-en-Mer qu'un coup de main livra à l'Angleterre et qui fut sous la souveraineté britannique jusqu'au même traité. Dans ces deux îles le contact du conquérant ne se produisit du reste qu'avec des juridictions insignifiantes.

Pendant la guerre de l'indépendance américaine, il est impossible de citer un changement de souveraineté en Europe : ceux qui se produisirent dans l'Inde ou aux Antilles ont un caractère trop spécial pour que nous les puissions comprendre dans notre cadre.

Nous arrivons ainsi à la révolution française : mais ici, si l'ancien droit est terminé du côté de la France, il ne l'est pas, pendant les guerres de la République, du côté des coalisés. Dans le grand retour offensif qui suit la bataille de Neerwinde, les armées autrichiennes s'emparent de Condé et de Valenciennes. — Ici l'Autriche impose immédiatement sa souveraineté au pays conquis : je le dirais, s'il n'avait été dit ; la période du droit intermédiaire n'offre plus en effet le vide bibliographique absolu de l'ancien droit. — En l'an VIII, Mélas occupe les Alpes-Maritimes : la nature du changement de souveraineté à Nice est difficile à saisir, les archives communales de Nice présentant ici une vaste lacune (1). — Dans les Pays-Bas occupés par les alliés en 1814, la souveraineté est immédiatement modifiée.

Du côté français, si les théories de l'ancien droit sur le déplacement immédiat de souveraineté ne sont plus

____

(1) Aux archives communales de Nice les délibérations municipales sont en lacune depuis l'évacuation de la ville par Suchet jusqu'à son retour. Un livre séparatiste intitulé *Nizza 1792-1814* a essayé de reconstituer cette période, mais absolument en dehors des sources. Les archives communales de Nice sont surtout intéressantes pour la période d'occupation de 1691. On y trouve des théories de droit international ancien que nous aurons à développer ultérieurement.

absolument de mise (1), il s'en faut pourtant de beaucoup que nous soyons déjà en présence de la théorie moderne. C'est un système mixte qui s'applique dans le département du Mont-Blanc en 1792, aux Pays-Bas après Fleurus : la conquête ne déplace plus par elle-même la souveraineté, mais un texte de droit interne peut la déplacer.

Arrive 1815, et la longue paix qui suivit. Depuis cette époque, faut-il dire que la vieille théorie du déplacement immédiat de souveraineté a été abandonnée, ou bien a-t-elle laissé quelques traces ? A cette question, je répondrai que j'écris l'histoire de l'ancien droit : je réserve ici l'étude du droit moderne, et des survivances qu'il peut présenter.

(1) Maintenant que nous avons par de nombreux documents montré quelle était la pratique générale de l'ancien droit en matière de déplacement de souveraineté, nous pouvons nous demander quelle était dans cet ordre d'idées la doctrine des civilistes, qu'elle intéressait à cause des répercussions sur la naturalité, le droit d'aubaine, etc. Pothier fait une allusion très sommaire à cette question dans son *Traité des personnes et des choses*, titre II, section Ire, régnicoles et aubains. Pothier naturellement n'a pas consulté les sources, mais son opinion plus ou moins consciente peut nous intéresser, car elle est le reflet de la tradition ambiante : « Lorsqu'au contraire une province est démembrée de la couronne, *lorsqu'un pays est rendu par le traité de paix*, les habitans changent de domination. De citoyens qu'ils étaient devenus au moment de la conquête, ou depuis la conquête, etc. » et ailleurs « comme ils ne perdraient la qualité de citoyens qui leur était acquise en continuant de demeurer dans la province démembrée, *ou rendue par les traités de paix*, que parce qu'ils seraient passés sous une domination étrangère ». Au XIXe siècle, Bugnet, commentateur de Pothier, se montre par la réflexion suivante, complètement étranger à la question (IX, p. 18 note 2). « Si le pays est rendu par le traité de paix ce n'était pas une véritable conquête, mais une occupation temporaire qui dès lors ne doit produire aucun effet. »

V

Nous avons, dans cette introduction, indiqué les principales sources et la méthode.

Beaucoup d'historiens se cantonnent, pour leurs travaux, dans un nombre très restreint de dépôts d'archives,

Et plebs ob spatium sœpè timeret iter,

comme dit Fortunatus dans sa langue un peu barbare. Pour la reconstitution de la théorie ancienne de la conquête, ce mode de travail ne saurait aboutir à aucun résultat. Au contraire, les recherches doivent être faites de telle sorte que, dans toute l'Europe occidentale, aucune ville, aucune communauté de plat pays, théâtre d'une invasion quelconque, du XVIe au XVIIIe siècle, demeure inexplorée. Cette surface kilométrique à explorer est immense, car le bruit des batailles s'est fait entendre à tous les points cardinaux, et c'est bien ici qu'on pourrait citer la phrase de Virgile : *Intonuere poli*. L'on est même contraint à des explorations lointaines pour un fait isolé : Messine à cause de l'occupation de 1675, la Corse pour celle de 1738, Minorque pour celle de 1756, Belle Ile-en-Mer pour celle de 1763.

Il est bon d'ajouter en terminant que les autorités locales ne facilitent pas toujours la tâche de l'historien. Pour pénétrer dans certaines archives communales des Alpes-Maritimes, le recours à la force publique n'est pas toujours superflu. En Belgique, la décentralisation excessive en matière d'archives communales met les travailleurs à la discrétion absolue des bourgmestres dans les dépôts dépourvus d'archiviste. Il arrive même parfois qu'on n'obtienne l'accès des documents qu'après s'être soumis à passer un examen devant un savant du plat pays. La petite ville de Furnes, dans la Flandre rétrocédée, mérite une mention particulière pour le mauvais accueil tout spécial qu'elle réserve aux travailleurs étrangers. Il est bien entendu du reste que cette énumération des archives inhospitalières n'est pas limitative. Mais elle n'en fait que mieux ressortir le caractère tout différent de la plupart des dépôts, soit d'Etat, soit départementaux, soit communaux, soit privés, en France, en Belgique, ou dans d'autres pays. Le bon accueil des conservateurs est le *quod plerumque fit.*

Notons, pour terminer, qu'avant de pouvoir aborder la théorie ancienne de la conquête, il est indispensable d'être complètement au courant de l'histoire du droit public interne de chaque circonscription, de chaque enclave, histoire dont la possession est absolument nécessaire pour pouvoir trouver des documents intelligibles sur la question du déplacement de souveraineté pendant les guerres, histoire à laquelle les connaissances théoriques et générales de droit public ne préparent que d'une façon très lointaine.

Quelles que soient les difficultés de cette tâche dont nous venons de tracer le programme dans cette introduction, c'est celle que nous nous sommes imposée.

Tournai, 11 octobre 1901.

Imp. J. Thevenot, Saint-Dizier (Hte-Marne).

www.ingramcontent.com/pod-product-compliance
Lightning Source LLC
LaVergne TN
LVHW010402060726
842526LV00005B/1456